短线技术指标组合

MACD+MA+VOL
技法应用与综合实战

庞　堃◎编著

中国铁道出版社有限公司
CHINA RAILWAY PUBLISHING HOUSE CO., LTD.

图书在版编目（CIP）数据

短线技术指标组合：MACD+MA+VOL技法应用与综合实战/
庞堃编著. —北京：中国铁道出版社有限公司，2023.12
ISBN 978-7-113-30524-6

Ⅰ.①短… Ⅱ.①庞… Ⅲ.①股票交易-安静 Ⅳ.①F830.91

中国国家版本馆CIP数据核字（2023）第162539号

书　　名：短线技术指标组合——MACD+MA+VOL 技法应用与综合实战
　　　　　DUANXIAN JISHU ZHIBIAO ZUHE: MACD+MA+VOL JIFA YINGYONG
　　　　　YU ZONGHE SHIZHAN

作　　者：庞　堃

责任编辑：杨　旭　　　编辑部电话：（010）63583183　　　电子邮箱：823401342@qq.com
封面设计：宿　萌
责任校对：安海燕
责任印制：赵星辰

出版发行：中国铁道出版社有限公司（100054，北京市西城区右安门西街 8 号）
印　　刷：河北宝昌佳彩印刷有限公司
版　　次：2023 年 12 月第 1 版　2023 年 12 月第 1 次印刷
开　　本：710 mm×1 000 mm 1/16　印张：11.5　字数：171 千
书　　号：ISBN 978-7-113-30524-6
定　　价：69.00 元

前言

在股市中盈利绝非易事，不同目标、不同操盘节奏乃至不同性格的投资者，能衍生出大量不同的操盘策略。如果将这些操盘策略按照持股周期来分类，大致可分为短线操盘和中长线操盘。其中，短线操盘是许多投资者都愿意尝试的，它具有持股时间短、利润兑现快、投入成本低和受损风险小等特点，同时也不会占用投资者太多的时间和精力。不过，短线操盘的这些优势都需要建立在合适的技术分析方法下，没有相应的技术分析手段，短线投资者很难真正做到整体盈利，更难真正享受到短线操盘带来的便利。

利用技术指标对股价走势进行分析就是很好的选择，至于选择哪些技术指标，可以根据技术指标在股市中的常用程度来看。MACD 指标、MA 指标和 VOL 指标就是其中比较好的，也是实战应用中比较简单有效的三个指标，相信大部分投资者对其都有一定的了解。

MACD 指标也称平滑异同移动平均线，是基于 MA 指标衍生而来，MA 指标是投资者常用的均线指标，VOL 指标则对应的是成交量。这三大指标如果结合使用，各取所长，互补所短，能够在很大程度上帮助短线投资者提高操盘成功率和盈利水平。

为帮助短线投资者更好地学习 MACD、MA 和 VOL 这三大常用指标，笔者编写了这本以三大指标为基础，介绍短线操盘的实用炒股工具书。

全书共五章，可分为三部分：

◆ 第一部分为第 1～3 章，主要介绍 MACD 指标、MA 指标和 VOL 指标，其中包含三大指标的运行原理、内在含义及一些常见的应用方法，属于基础性内容。

◆ 第二部分为第 4 章，主要针对超短线投资者，内容是利用三大指标在分时图中进行 T+0 交易，其中既有在 K 线图中寻找建仓点和交易点的方法，也有在分时图中利用指标买卖的分析要点，属于进阶内容。

◆ 第三部分为第 5 章，这部分属于综合案例部分，将分别处于牛市、熊市和猴市的个股作为分析目标，向投资者展示在真正的实战中，如何利用三大指标结合研判，找到合适的买卖时机。

全书内容从三大指标的基本原理入手，逐步深入到 K 线图、分时图中的实际应用方法，最后结合实战进行综合解析。书中内容由浅入深、循序渐进，再加上大量的真实案例和详细的注解信息，即便是新手投资者也能很好地理解。

最后，希望所有读者通过对书中知识的学习，提升自己的炒股技能。但任何投资都有风险，也希望广大投资者在入市和操作过程中有自己的判断，不要盲目跟从理论知识操盘，而要结合多方情况与分析技术综合考虑。

编　者

2023 年 9 月

目录

第1章 MACD：研判短线多空趋势

第 3 章　VOL：解析短线涨跌成因

第4章 分时做T：指标辅助超短线

第 5 章　短线实战：多指标综合研判

第1章

MACD：研判短线多空趋势

MACD指标属于趋势性指标的一种，对于研判市场中短期多空力量的变换及趋势的转变有很好的效果。因此，MACD指标也成了许多短线投资者愿意了解并使用的指标，本章就将针对MACD指标进行详细解析。但需要注意，理论知识并不代表真实情况，股价在实际运行过程中会受到大量外界因素影响，形成多种不同的走势，投资者切不可将书中理论当作操盘的唯一标准。

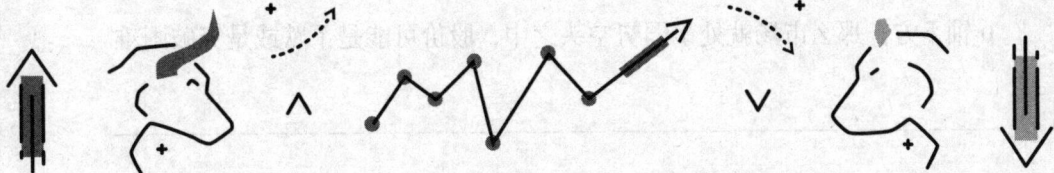

1.1 初识 MACD 指标

MACD 指标的中文名称为指数平滑异同移动平均线。从其名称中就可以看出指标的一些特性，比较明显的就是"移动平均"和"平滑"，这意味着 MACD 指标既有平均线的特征，又能够在一定程度上缓和平均线的迟滞性，使得指标更加灵敏、有效，更适合短线操盘使用。

1.1.1 MACD 指标基本构成要素

短线投资者首先要了解的是 MACD 指标的基本要素。MACD 指标由快线 DIF、慢线 DEA、0 轴和 MACD 柱状线构成，图 1-1 为 K 线图中的 MACD 指标。

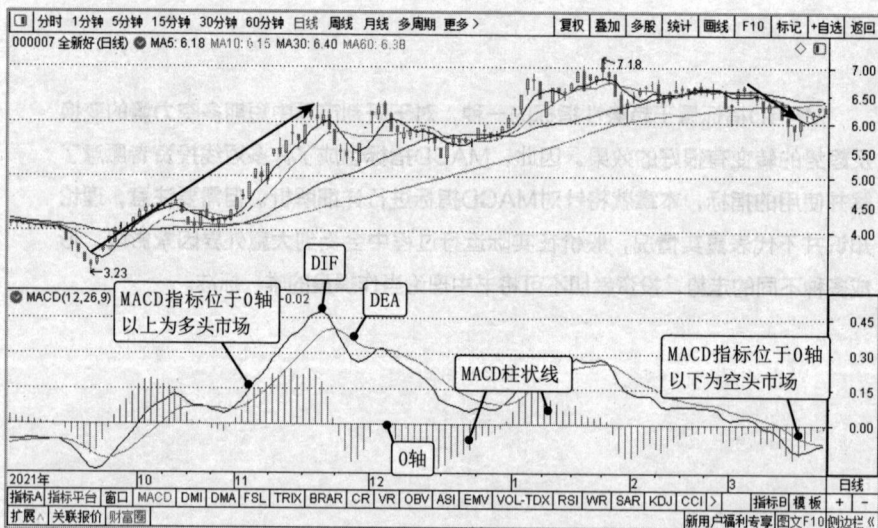

图 1-1 K 线图中的 MACD 指标

投资者可通过指标线的位置关系、交叉形态及柱状线的涨跌变化来分析市场趋势。一般来说，当 MACD 指标线位于 0 轴上方，那么市场就处于优势多头之中，股价整体大概率是上涨的；而当 MACD 指标线位于 0 轴下方，那么市场就处于弱势空头之中，股价可能是下跌或是突破困难的状态，这一点从图 1-1 中也可以看出。

除此之外，DIF 线与 DEA 线之间的关系也能为投资者的研判提供一定的依据。投资者仔细观察两条指标线，会发现 DIF 的运行速度比 DEA 快，这就导致了当股价上涨或下跌时，DIF 总是比 DEA 先反应过来，进而跟随产生变动。

于是，在多头市场中，DIF 往往运行于 DEA 之上；在空头市场中，DIF 则会跌落到 DEA 之下。

细心的投资者可能已经发现，每当 DIF 运行到 DEA 上方，MACD 柱状线就会呈现为红色，并随着两条指标线之间距离的增大而不断向上延伸；相反，当 DIF 运行到 DEA 以下，二者产生交叉的同时，MACD 柱状线就会由红转绿，并随着指标线之间距离的增大而向下延伸。

综上所述，每当 MACD 指标运行到 0 轴上方，DIF 上穿 DEA 并不断拉开距离时，就意味着市场中的看多动能非常强劲，个股在这种力量的推动下，大概率会形成积极的上涨，向短线投资者发出追涨信号。反之，投资者就要谨慎分析当前形势，看股价是不是已经转入下跌之中了。

1.1.2 MACD 参数的计算与调整

通过前面内容的介绍投资者应该明白，MACD 指标的研判关键在于 DIF 和 DEA 两条指标线，而这两条指标线的设计则是建立在 EMA（指数移动平均值）的基础之上。

简单来说，EMA 是一种趋向类指标，其构成原理是对收盘价进行加权算术平均，将其作为 MACD 指标线的计算依据，能够为其赋予相应的平滑特性。下面来看 DIF 与 DEA 的计算原理。

（1）DIF 的计算

DIF 是 EMA12（即 12 日指数移动平均值）和 EMA26（26 日指数移动平均值）之间的离差值。之所以取 12 日和 26 日为计算基期，是因为我国股市在早期时，一周有 6 个交易日，那么两周就有 12 个交易日，一个月大约有 26 个交易日。

要计算 DIF，首先要分别计算出 EMA12 和 EMA26 的数值。

EMA12=（当日收盘价 – 前日 EMA）×2÷（12+1）+ 前日 EMA

EMA26=（当日收盘价 – 前日 EMA）×2÷（26+1）+ 前日 EMA

得出了 EMA12 和 EMA26 的数值后，计算 DIF 就很简单了，公式如下。

DIF=EMA12−EMA26

（2）DEA 的计算

DEA 是 DIF 的 9 日加权移动平均线，也就是说，DEA 是经过平滑处理后的 DIF。这也是 DEA 反应速度和敏感程度不如 DIF 的原因。因此，投资者在使用 MACD 指标时，往往以 DIF 为主，DEA 为辅。DEA 的计算公式如下。

DEA=（当日 DIF– 前日 DEA）×2÷（9+1）+ 前日 DEA

这样一解释，投资者就能看懂 MACD 指标窗口中显示的数据了。在从 MACD 指标窗口中 MACD（12，26，9）分别对应的是 EMA12、EMA26 和 DEA 的计算基期。DIF、DEA 和 MACD 后跟的数字，则是指标线和 MACD 柱状线当前的数值，若为正数，代表指标线位于 0 轴以上，MACD 柱状线为红柱；若为负数，代表指标线位于 0 轴以下，MACD 柱状线为绿柱。

除此之外，投资者也可以根据自身操盘策略，来对 MACD 指标的参数进行适当的调整。

具体的调整方式很简单，投资者在 MACD 指标窗口中任意一条指标线上右击，在弹出的快捷菜单中选择"调整指标参数"命令，具体操作如图 1-2（上）所示。随后在打开的对话框中调整指标参数即可，具体操作如图 1-2（下）所示。

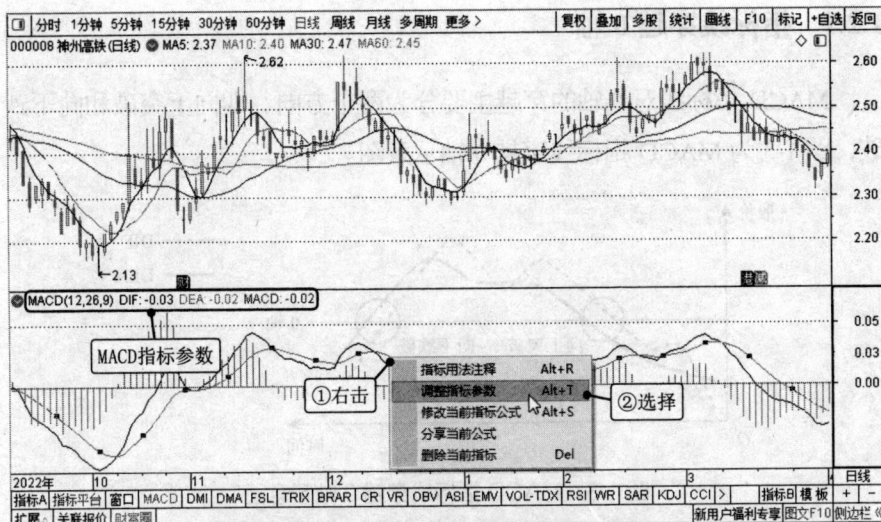

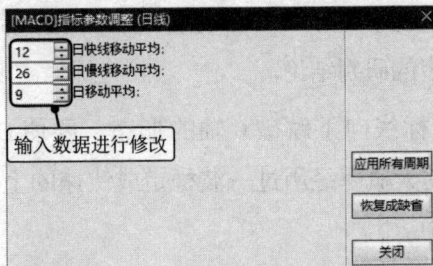

图 1-2　MACD 指标的参数调整方法

不过对于短线投资者来说，使用 MACD 指标的默认参数就已经足够了，毕竟默认参数的基期不算长，并且经过了大量实战验证，有效性和科学性还是能得到保障的，非专业投资者最好不要轻易修改，以免弄巧成拙。

1.2　MACD 的短线操盘基础用法

在大致了解了 MACD 指标的计算原理和运行方式后，接下来就要学习 MACD 指标的基础应用及深入了解 MACD 指标线的交叉形态和穿越形态等，并通过实例分析买卖点的位置。

1.2.1　指标线穿越 0 轴

MACD 指标线对 0 轴的穿越主要分为两个方向，即向上突破和向下跌破，图 1-3 为 MACD 指标线穿越 0 轴示意图。

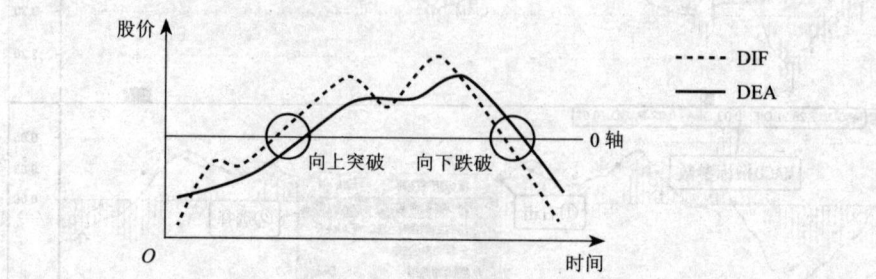

图 1-3　MACD 指标线穿越 0 轴示意图

显然，不同的穿越方向对 MACD 指标线发出的信号存在极大的影响，同时也会左右投资者的研判结论。

下面来解析指标线向下跌破 0 轴的形态。要使 DIF 和 DEA 运行到 0 轴以上，股价前期大概率经历过一波稳定或快速的上涨，带动两条指标线进入多头市场之中。

但随着多方上推动能的不足，两条指标线逐渐转向，并在某一时刻跌破 0 轴，运行至空方市场中，说明股价可能进入了回调整理或是下跌之中，至少短时间内的走势不会像前期一般积极。那么短线投资者就可以将其视作抛盘兑利的卖点，在此止盈或止损出局。

而指标线要向上突破 0 轴，就要跌落到空方市场之中。造成 MACD 指标出现这种形态的源头，就是处于弱势运行状态中的个股。不过，一旦两条指标线拐头向上并成功突破到 0 轴以上，就意味着个股可能已经变盘向上，或是暂时脱离了下跌走势，进入反弹之中。

对于短线投资者来说，较短的持股和操盘时间意味着决策需要做得果断，只要能够确定 MACD 指标线向上突破 0 轴后股价有上涨的可能，投资者就可以建仓。不过要注意仓位管理，不要一上来就重仓投入。

下面来看一个具体的案例。

实例分析

信息发展（300469）MACD 指标线穿越 0 轴形态解析

图 1-4 为信息发展 2022 年 10 月至 2023 年 2 月的 K 线图。

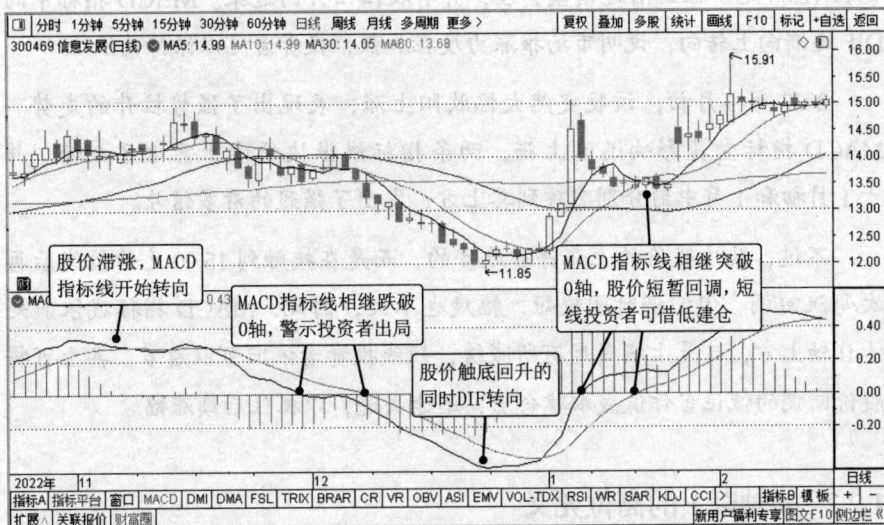

图 1-4　信息发展 2022 年 10 月至 2023 年 2 月的 K 线图

从图 1-4 中可以看到，信息发展正处于涨跌走势交替的过程中，MACD 指标线在此期间也跟随股价的变化而上下波动。

2022 年 10 月，股价仍处于上涨之中，这一点从运行方向整体朝上的均线组合可以看出。随着价格的上涨，MACD 指标线也跟随移动到了 0 轴以上，并且位置较高，说明股价涨势还算可观。

进入 11 月后，该股明显滞涨，在 14.00 元价位线附近横盘期间有过上冲的尝试，但还是没能成功突破 15.00 元的压力线，无奈只能转入下跌之中。

与此同时，MACD 指标线逐步放缓上扬走势，并跟随股价的下跌而向下转向，尽管短时间内还未跌破 0 轴，但看跌信号还是比较明确的，此时机警的投资者可以先行出局，在场外观望。

11 月底，DIF 率先跌破 0 轴，此时股价也已经落到了 14.00 元价位线以下。数日后，在股价回升失败继续下行的带动下，DEA 也跌破了 0 轴，这时股价的跌幅就比较大了。因此，还未离场的短线投资者发现后市看跌的信号后，最好及时止损出局。

从后续的走势可以看到，在 12 月下旬，该股创出 11.85 元的阶段新低后就在 12.00 元价位线附近横盘整理，并有收阳回升的迹象。MACD 指标中的 DIF 逐渐向上转向，说明市场推涨力度在加强，投资者可以保持关注。

2023 年 1 月初，该股突然大幅收阳上涨，表现出了强势拉升的走势。MACD 指标受其影响迅速上扬，两条指标线很快便向上靠近了 0 轴，并于 1 月初和 1 月中旬分别突破到其上方，发出了强烈的看多信号。

不过，此次股价的上涨并非连贯的，而是在接触到 15.00 元价位线后再次受阻回调。但回调时间较短，幅度也不大，因此，MACD 指标线依旧处于 0 轴上方，只是上扬角度有所减缓，短线投资者依旧可以看多，甚至可将股价回调的低位当作低成本建仓点，迅速买进，以抓住后续涨幅。

1.2.2　0 轴以上的高位死叉

死叉全称为死亡交叉，是指 DIF 自上而下跌破 DEA 形成的交叉形态。高位死叉就是形成于 0 轴以上的死叉，图 1-5 为高位死叉示意图。

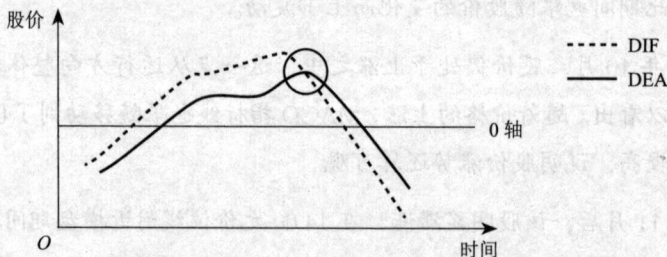

图 1-5　高位死叉示意图

死叉一般发出的都是卖出信号，因为指标线的转向就已经意味着市场上推动力可能不足，DIF 再跌破 DEA，就意味着多空力量发生了转换，股价短时间内可能会出现整理或是下跌。

位置越高的死叉，发出的看跌信号就越强烈，毕竟股价上涨的高度也从一定程度上影响了后市的下跌空间。如果股价短期大幅上涨后在高位转势下跌，MACD 指标形成高位死叉，那么短线投资者最好尽快出局，以避开后续可能出现的大幅下跌。

下面来看一个具体的案例。

实例分析

德明利（001309）短期大幅上涨后的高位死叉形态解析

图 1-6 为德明利 2022 年 7 月至 10 月的 K 线图。

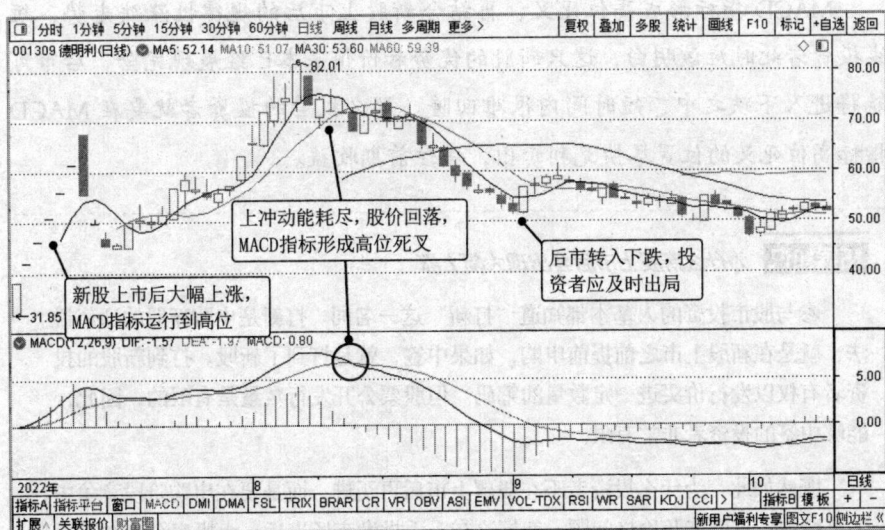

图 1-6 德明利 2022 年 7 月至 10 月的 K 线图

德明利是 2022 年 7 月 1 日才在主板市场上市的个股，一般新上市的个股都会在上市后一周或更长的时间内出现大幅上涨的情况，德明利也不例外。

从图 1-6 中可以看到，上市第一天，该股以 31.85 元的价格开盘后就急速拉升，首日交易涨幅就达到了 44% 以上。其后连续五个交易日，该股收出一字涨停上冲，直到靠近 70.00 元价位线才止涨回落，MACD 指标也在此期间被迅速拉到较高的位置。

后续股价的回调也没有持续太长时间，数日后就在 45.00 元价位线以上得到支撑后继续上涨。MACD 指标中的 DIF 跟随股价小幅向下转折，但还未与 DEA 形成交叉就被带动再次向上，表明拉升还在延续，投资者可继续持有。

直到 8 月初，该股上涨至最高 82.01 元后，耗尽了新股上冲的动能，开始滞涨横盘，并有转入下跌的迹象。观察 MACD 指标可以发现，DIF 在股价创新高回落的同时就拐头向下了，DEA 速度较慢，但也在逐渐走平并向下转向。待到 8 月中旬，股价跌至 70.00 元价位线附近横盘时，DIF 也下穿 DEA，形成了一个高位死叉。

MACD 指标形成高位死叉，再结合新股上市后的规律性涨跌走势，短线投资者此时应该明白，这只新股的优势和价值基本已经展现完全，后市可能将进入下跌之中，短时间内很难回暖。那么机警的投资者就要在 MACD 指标高位死叉的位置尽快兑利卖出，保住前期收益。

拓展知识 **为什么新股上市后会出现大幅上涨**

参与股市投资的人基本都知道"打新"这一名词。打新是申购新股的通俗说法，就是在新股上市之前提前申购，如果中签，就是打到了新股。打到新股的投资者有权以发行价买进一定数量的筹码。但股票公开发行数量是有限的，因此，能够中签的投资者非常有限。

既然如此，为什么投资者不在股票上市后再买进，而是要在申购阶段竞争中签名额呢？这就涉及价格问题，就好比在一手批发市场进货，大概率会比在二手经销商手中购买价格要低一样，以发行价买进新股的最大优势就是价格低廉，且不愁销路。

一般来说，如果上市公司前景好，业绩优秀，发行价格较低，再加上在主板市场上市，那么该股后市的潜力可能非常大。这种新股在上市后，很可能会在市场的追捧下出现大幅上涨，连续涨停都是正常现象。正因如此，打新也成了很多有资格的投资者孜孜不倦的一项投资活动，毕竟提交申请也没有什么成本。

但需要注意的是，并不是所有的新股都有大幅上涨的潜力，股价大幅上涨的前提是市场看好其发展，愿意买单。如果一只新股在上市之前就不被看好，或者发行价定得过高，就可能会出现开盘跌破发行价的情况，带来的风险远比普通个股大。

1.2.3　0 轴以下的低位金叉

金叉也叫黄金交叉，指的是 DIF 自下而上突破 DEA 形成的交叉形态。低位金叉就是形成于 0 轴以下的黄金交叉，图 1-7 为低位金叉示意图。

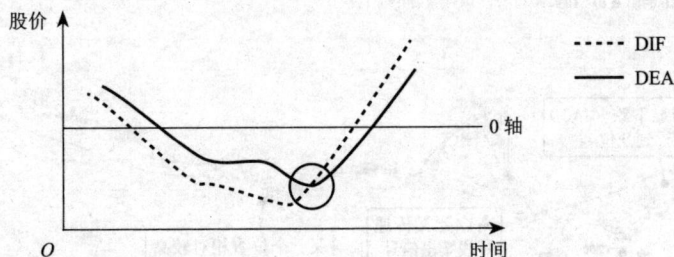

图 1-7　低位金叉示意图

金叉的形成说明股价正在由弱走强，DIF 转向的位置或金叉形成的位置可能就是拐点。如果金叉在 0 轴之下形成，就意味着个股前期大概率经历过下跌，金叉位置越低，股价下跌的幅度可能就越大，那么后续止跌回升的动能可能就更强。

当然，个股的上涨空间谁也说不准，但短时间内回暖的走势还是能够确定的。对于短线投资者来说这就足够了，只要投资者能够在低位金叉附近抓住时机买进，就有机会赚取一波短线收益。

下面来看一个具体的案例。

实例分析

姚记科技（002605）0 轴以下的低位金叉形态解析

图 1-8 为姚记科技 2022 年 9 月至 2023 年 3 月的 K 线图。

从图 1-8 中可以看到，姚记科技的短期涨跌趋势还是比较明显的。2022 年 9 月，股价快速下跌，带动 MACD 指标运行到 0 轴以下，并持续深入。

10 月初，该股在 12.00 元价位线上止跌后迅速收阳上涨。MACD 指标中的 DIF 立即转向并靠近 DEA，数日后成功上穿 DEA，形成低位金叉后继续上扬，很快便于 11 月突破到了 0 轴以上。

在此期间，K 线与 MACD 指标配合上涨，形成了多个买点，比如 DIF 转向处、低位金叉处、股价小幅回调后继续收阳上涨的位置。短线投资者只要会抓时机，在较低的位置建仓还是不成问题的。

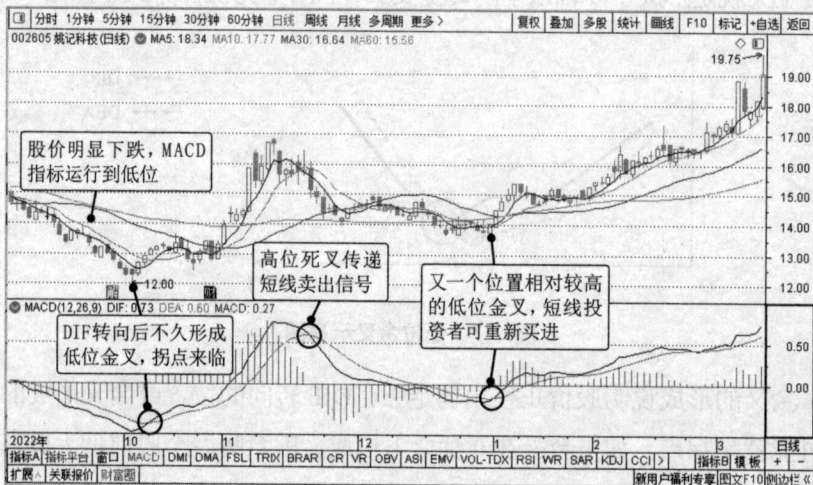

图 1-8　姚记科技 2022 年 9 月至 2023 年 3 月的 K 线图

继续来看后面的走势。11 月中旬，该股上涨至 17.00 元价位线下方后滞涨下跌，出现回调迹象。与此同时，DIF 迅速转向，数日后就跌破了 DEA，在 0 轴上方形成了一个高位死叉，前期盈利的短线投资者此时可以抛盘离场了，以锁定前期收益。

从后续走势可以看到，该股回调的位置并未跌破前期低点，说明后市可能还有上涨空间，短线投资者可以对其保持一定的关注。

12 月中旬，DIF 和 DEA 都进入了 0 轴以下，此时投资者不能急于买进。一段时间后，该股突然连续收阳上涨，带动 MACD 指标再次形成了一个低位金叉，但位置明显比上一次高。结合 K 线的积极走势，此处 MACD 指标发出的买入信号并不弱，激进的短线投资者可以适当建仓，重新买进。

2023 年 1 月上旬，该股在 15.00 元价位线附近受阻横盘，横盘期间 MACD 指标线都已经来到了 0 轴以上，积极信号依旧没有改变。1 月底，股价终于脱离横盘区间向上拉升，谨慎的短线投资者此时就可以迅速入场，抓住后续涨幅。

1.2.4　MACD 红柱缩头

在本章第 1 节对 MACD 指标构成要素的介绍中，提到了 MACD 柱状线呈红色是因为 DIF 位于 DEA 上方。而 MACD 红柱缩头的形态，则是 DIF 逐步向下靠近 DEA 造成的，图 1-9 为 MACD 红柱缩头示意图。

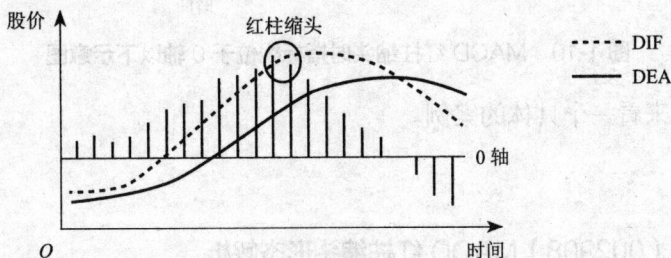

图 1-9　MACD 红柱缩头示意图

MACD 红柱的缩头并不意味着市场风向一定会发生转变，但在大多数时候，DIF 向下靠近 DEA 都是股价涨势减缓的表现。若 MACD 红柱缩头后短时间内能够继续伸长，就意味着 DIF 没有彻底跌破 DEA，股价后市还有上涨的可能，短线投资者可以继续持有。

但如果 MACD 红柱缩头形态有一直持续的迹象，并且在某一时刻彻底转绿，就意味着死叉形成，股价下跌的概率会更大，无论前期盈利如何，短线投资者还是以卖出为佳。

拓展知识 *MACD 红柱缩头时指标线位于 0 轴以下*

一般来说，MACD 红柱缩头时，指标线大多位于 0 轴以上，但有时候也存在一些特殊情况。当 MACD 红柱缩头时指标线位于 0 轴以下，就说明指标在前期已经形成了一个低位金叉，但由于股价的涨势实在难以带动指标运行到更高的位置，DIF 才会在 0 轴以下就转头靠近 DEA，图 1-10 为 MACD 红柱缩头时指标线位于 0 轴以下示意图。

这种情况常出现在下跌行情的微弱反弹期间，虽然对短线投资者抢反弹后的卖点寻找有一定的帮助，但风险还是偏大，投资者最好不要在这种位置介入。

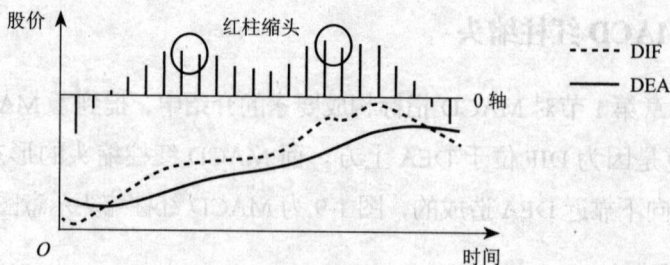

图 1-10   MACD 红柱缩头时指标线位于 0 轴以下示意图

下面来看一个具体的案例。

实例分析

德生科技（002908）MACD 红柱缩头形态解析

图 1-11 为德生科技 2021 年 12 月至 2022 年 3 月的 K 线图。

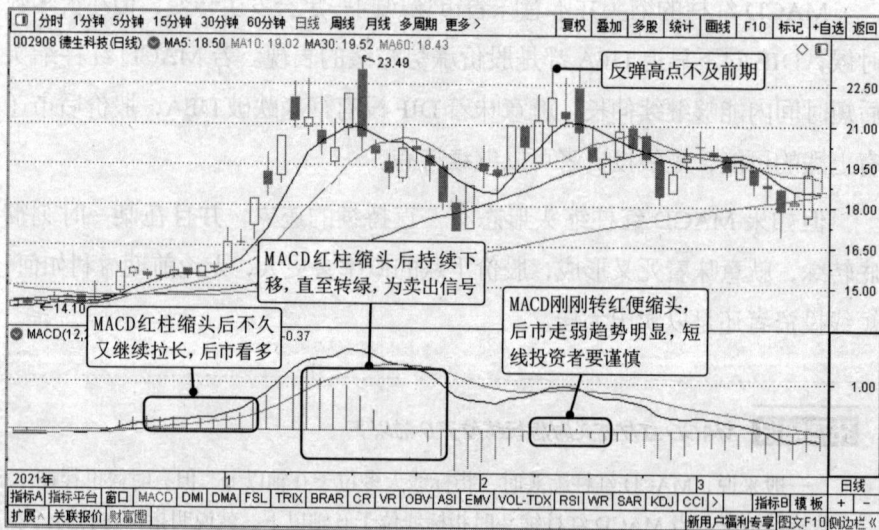

图 1-11   德生科技 2021 年 12 月至 2022 年 3 月的 K 线图

在德生科技的这段走势中，股价从 2021 年 12 月初就开始上涨，刚开始的涨速还比较缓慢，MACD 指标线依旧处于 0 轴以下。直到 12 月下旬，该股成功收阳突破了 15.00 元价位线的压制，同时带动 MACD 指标线运行到 0 轴以上，MACD 柱状线由绿转红。

但在突破之后，股价却迟迟未能继续上涨，而是在 15.50 元价位线附近横盘震荡。MACD 指标中的 DIF 受其影响无法继续上涨，于是与依旧上行的 DEA 越靠越近，MACD 红柱开始缩头，但幅度比较小，短线投资者可以继续观望，不必着急离场。

进入 2022 年 1 月后，该股终于在 5 日均线的支撑下出现了明显的上涨，K 线大幅收阳上升，带动 MACD 指标线迅速上扬，MACD 红柱也再次伸长，传递出了积极信号，意味着短线投资者可继续持有甚至加仓。

这样的状态一直持续到 1 月中旬，该股接触到 22.50 元价位线后就表现出突破困难的迹象，数日后就拐头下跌，形成回调。受其影响，DIF 减缓了上扬走势，与 DEA 有所接近，MACD 红柱再次开始缩短。

由于此时股价涨幅已高，后续转势下跌的可能性还是比较大的，谨慎的投资者可以先行出局，惜售的投资者还可以再观察一段时间。

数日后，股价在 19.50 元价位线上得到支撑后继续收阳上涨。看似转入了新一轮上涨之中，但仔细观察 MACD 指标就可以发现，在股价上涨的同时，DIF 仅仅上扬了很小的角度，与价格积极上涨的走势不太匹配，这一点是需要投资者特别警惕的。

在该股回升后的第三个交易日，K 线收出了一根大阴线，预示着即将到来的下跌。之后数日，股价表现出了明显的下跌趋势，MACD 红柱再度大幅缩短，并在 1 月下旬彻底转绿，传递出了明确的看跌信号，投资者需要尽快兑利出局。

从后续的走势可以看到，该股在 18.00 元价位线下方得到支撑后再次上涨，MACD 指标中只有 DIF 在向上转折，并随着股价的上扬小幅突破到了 DEA 上方，MACD 柱状线转红。

不过很快，股价在 22.50 元的压力线附近受阻下跌，MACD 红柱还未明显拉长便再次缩短、转绿，说明此次反弹即将结束，该股也很难有更好的表现，这一点从股价高点未能超越前期高点也能看出。如果投资者参与了此次反弹，就要注意及时借高出货，将收益兑现。

1.2.5 MACD 绿柱抽脚

在了解了 MACD 红柱缩头后，理解 MACD 绿柱抽脚应当比较轻松。MACD 柱状线呈绿色是由于 DIF 运行于 DEA 下方，绿柱的缩短意味着 DIF 在向上靠近 DEA，图 1-12 为 MACD 绿柱抽脚示意图。

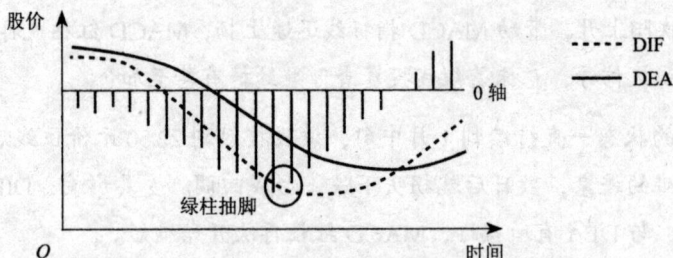

图 1-12　MACD 绿柱抽脚示意图

MACD 绿柱抽脚形态释放的信号与红柱缩头相反，DIF 向上靠近 DEA 的走势，意味着多方推涨动能在提升，价格可能已经形成了拐点，后续将迎来 MACD 的金叉和股价的持续上扬。因此，对于短线投资者来说，MACD 绿柱抽脚的位置就是一个比较好的买点。

需要注意，如果 MACD 绿柱抽脚时指标线位于 0 轴以下，那么投资者在此处买进还是存在一定的风险，毕竟 MACD 绿柱可以先缩后放。激进的投资者可以尝试，谨慎的投资者最好还是等低位金叉形成后，或者指标线突破到 0 轴以上再买进，这样更为稳妥。

如果 MACD 绿柱抽脚时指标线位于 0 轴以上，那么就可能是股价回调结束、继续上涨的表现，不过也有可能是股价转入下跌后反弹的预示信号，具体还是要根据实际情况来分析，但投资者保持谨慎总没错。

下面来看一个具体的案例。

实例分析

电魂网络（603258）MACD 绿柱抽脚形态解析

图 1-13 为电魂网络 2022 年 12 月至 2023 年 4 月的 K 线图。

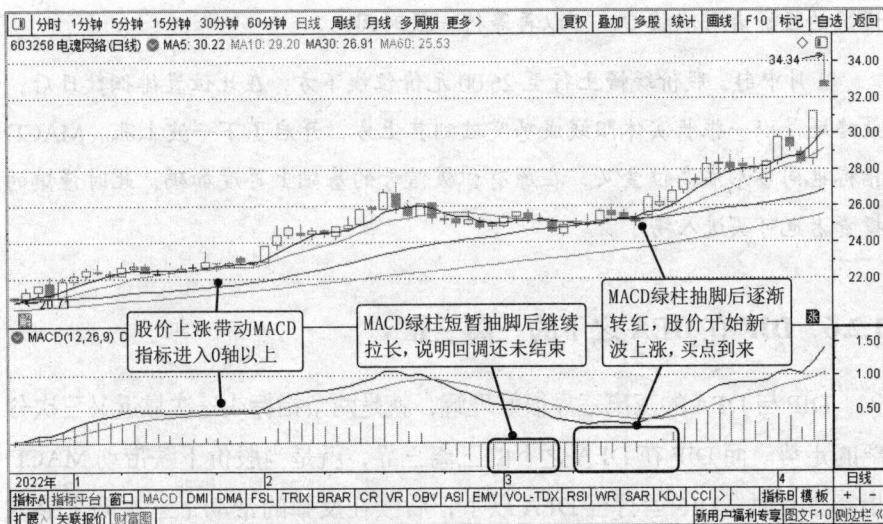

图 1-13　电魂网络 2022 年 12 月至 2023 年 4 月的 K 线图

从图 1-13 中可以看到，电魂网络正处于一段比较稳定的上涨行情之中，中长期均线长期承托在 K 线之下起支撑作用。

2022 年 12 月底到 2023 年 2 月中旬，股价的涨势都比较积极，期间只出现了几次回调，且大部分都是以横盘形式进行的整理，因此，MACD 指标也没有下落，只是 MACD 红柱有过几次缩短。

2 月中旬，股价上涨至 26.00 元价位线以上后就出现了滞涨，股价在该价位线上运行了两个交易日后就转向，形成了一次比较明显的下跌整理。MACD 指标受其影响拐头向下，两条指标线形成死叉后转而下行，MACD 柱状线由红转绿。

2 月底到 3 月初这几个交易日内，K 线有收阳上涨的迹象，但未能突破 26.00 元价位线的压制，数日后回归下跌之中。MACD 指标在其带动下产生了细微的波动，DIF 向上靠近了 DEA 一些，MACD 绿柱形成了抽脚形态，但随着股价的继续下行，MACD 绿柱也再次拉长，此处显然不能作为买点。

3 月上旬，该股跌至 30 日均线附近后受到支撑再度上扬，MACD 绿柱开始抽脚。这一次股价的上升是在 30 日均线的承托下形成的，因此，后市突破压力线开启新一波上涨的概率比较大。激进的投资者此时就可以建仓了，谨慎的投资者若不放心，可以再等待一段时间。

3月中旬，股价缓慢上行至26.00元价位线下方，在此位置徘徊数日后，最终还是以一根长实体阳线成功突破到其上方，开启了下一波上涨。MACD指标也同步形成高位金叉，在原有积极信号的基础上再度加码，此时谨慎的投资者也可买进入场了。

1.2.6 DIF 在 DEA 之下的三离三靠

DIF 与 DEA 的三离三靠很好理解，就是两条指标线三次靠近又三次分离的走势。而 DIF 在 DEA 之下的三离三靠，就是当股价下跌带动 MACD 指标下行时，DIF 运行至 DEA 以下，后续在反弹的带动下三次向上靠近 DEA，又三次向下远离 DEA，呈现出逐步下行的状态，图 1-14 为 DIF 在 DEA 之下的三离三靠示意图。

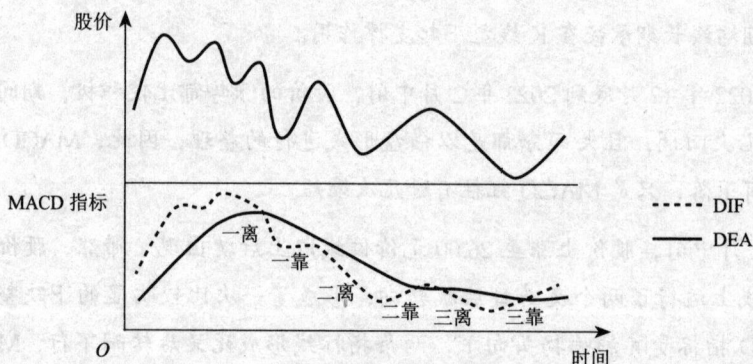

图 1-14 DIF 在 DEA 之下的三离三靠示意图

一般来说，在下跌行情中形成的三离三靠形态，其中的"离"和"靠"应当是逐次下移的，并且 DIF 应当长期保持在 DEA 之下，只有当"靠"出现时才会小幅突破 DEA，但也不会在其上方停留太长时间。

不过有些时候，比如三离三靠运行到后期时，股价下跌动能释放完全，在某一位置受到支撑开始回升，那么第三离和第三靠就可能会平行于第二离和第二靠，甚至还会小幅抬高，证明幅度较大的反弹或上涨走势即将到来。

对于短线投资者来说，下跌过程中的三离三靠是可以抢反弹的形态，每一次靠近和远离，都是一次幅度或大或小的反弹，短线投资者可利用自身快进快出的优势来进行波段操作。

不过需要注意的是，在 MACD 指标三离三靠的形态中，DIF 始终没有彻底上穿 DEA 线（除了第三靠），意味着股价反弹幅度不大，或者市场做多信心不足，后续将很快回归下跌之中。短线投资者一旦把握不好，就有可能反受其害，因此，经验不足及风险承受能力较低的短线投资者还是不要参与，或者只在第三靠后股价回升的过程中参与。

下面来看一个具体的案例。

实例分析

平安银行（000001）DIF 在 DEA 之下的三离三靠解析

图 1-15 为平安银行 2022 年 3 月至 7 月的 K 线图。

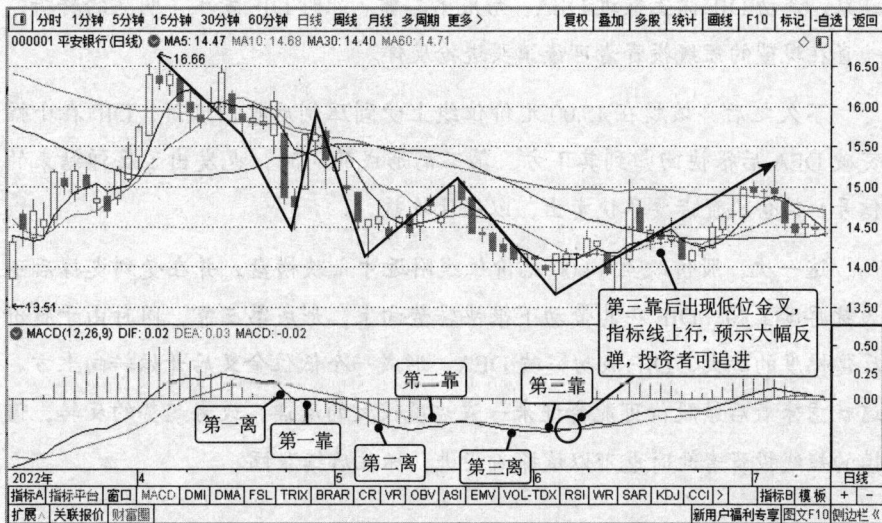

图 1-15 平安银行 2022 年 3 月至 7 月的 K 线图

从图 1-15 中可以看到，平安银行从 2022 年 4 月初转势之后，就进入了下跌走势之中。前期该股从 13.50 元价位线附近一路拉升至 16.50 元价位线以上，涨幅在短时间内算是相对强势的，那么后市的下跌也可能会持续比较长的时间，或者跌幅比较大。

4 月中旬，股价已经跌到了 16.00 元价位线下方，尽管跌速还不算快，但 MACD 指标中的 DIF 也在其影响下逐步走平，最终在一根大阴线的带动下跌破 DEA，形成高位死叉后继续下行，第一离出现。

K 线急速下跌后的次日，股价在 14.50 元价位线附近受到支撑，其后大幅收阳，形成反弹走势。DIF 迅速走平，被动靠近了依旧下移的 DEA，形成第一靠。但由于 DIF 仅仅是走平，算不上转向，因此，股价反弹幅度可能不大，短线投资者此时可以按兵不动。

数日后，该股在 60 日均线的压制下转而下跌，此次跌速比较快，股价很快便落到了 14.50 元价位线之下。DIF 再次向下远离 DEA，并彻底进入 0 轴之下，形成第二离。

5 月中旬，股价在 14.50 元支撑线附近横盘一段时间后，开始出现反弹迹象，带动 DIF 向上靠近 DEA，形成第二靠。此时 DIF 发生了明显的转折，一直在观望的短线投资者可谨慎买进抢反弹。

不久之后，该股在 15.00 元价位线上受到压制后收阴回落，DIF 在小幅突破 DEA 后很快回归到其下方，第三离形成的同时，也发出了反弹结束的信号，持仓投资者要尽快卖出，以保住收益。

这一次，股价跌至 14.00 元价位线附近才止跌横盘，并在受到支撑后不久就再度上扬。DIF 在其带动下很快转势向上，形成第三靠，同时由于股价反弹幅度的加大，DIF 成功突破 DEA，形成一个低位金叉后开始转向上方。这就意味着后续股价可能会迎来一波幅度较大的反弹，或者趋势的反转，谨慎的短线投资者此时也可以试探着买进，抓住后续涨幅。

1.2.7 DIF 在 DEA 之上的三离三靠

DIF 在 DEA 之上的三离三靠，自然就是在上涨趋势的影响下，DIF 运行于 DEA 上方，三次向下靠近 DEA，又三次向上远离 DEA，图 1-16 为

DIF 在 DEA 之上的三离三靠示意图。

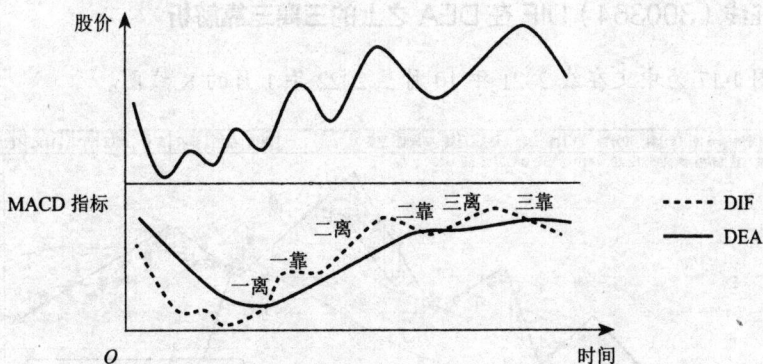

图 1-16　DIF 在 DEA 之上的三离三靠示意图

在上涨过程中的三离三靠，每一离和每一靠应当是逐步上移的，同时 DIF 也不能在靠近的过程中在 DEA 下方停留太久。

由此可以看出，短线投资者完全可以在这种三离三靠形态中进行波段操作，甚至多次加仓后在相对高位一次性卖出。相较于下跌过程中的三离三靠，这样的形态显然更加有利于投资者获益，同时也能降低一定的风险。

不过，在第三靠的过程中，投资者要注意观察股价是否已经到达高位，后续是否会形成幅度较大的下跌。如果 DIF 在第三靠后彻底跌破 DEA，形成死叉，那么后市发展可能就不太积极了，投资者要注意避开。

拓展知识　*0 轴以下的三离三靠*

注意，虽然大多数情况下 DIF 在 DEA 之上的三离三靠都是形成于 0 轴以上的。但在某些特殊情况下，比如在大幅下跌后，股价转势回升的初期，就有可能出现 0 轴以下的 DIF 高于 DEA 的三离三靠。

虽然这种相对特殊的三离三靠也预示着股价处于上涨，但投资者还是不能轻易将其当作行情转势的表现，毕竟有些幅度较大、时间较长的反弹也会导致 MACD 指标出现这种三离三靠形态。投资者在遇到这种情况时可以参与，但一定要十分谨慎。

下面来看一个具体的案例。

实例分析

中文在线（300364）DIF 在 DEA 之上的三离三靠解析

图 1-17 为中文在线 2021 年 10 月至 2022 年 1 月的 K 线图。

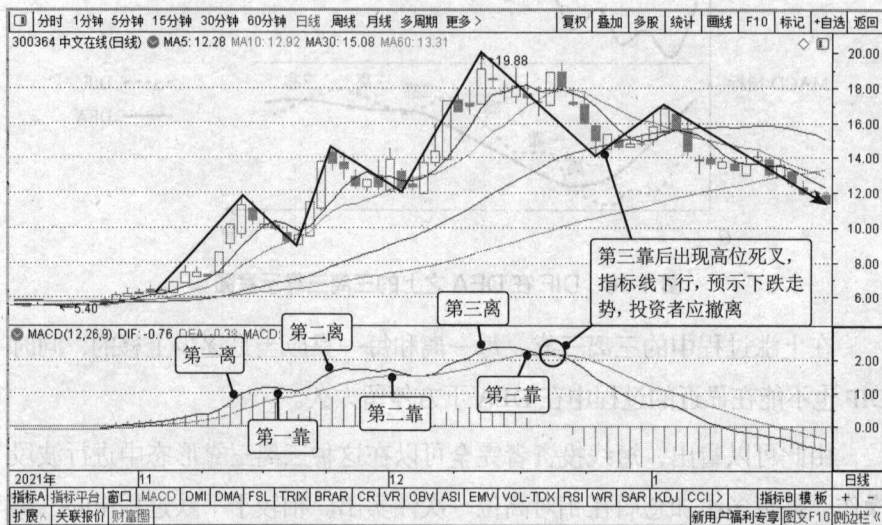

图 1-17　中文在线 2021 年 10 月至 2022 年 1 月的 K 线图

在中文在线的这段走势中，上涨是市场的主旋律，股价从 2021 年 10 月开始就表现出了积极上升的势头，K 线连续收阳，带动 MACD 指标逐步从 0 轴以下跃升到多头市场之中。

进入 11 月后，股价涨速明显加快，阳线的涨幅一日比一日大，MACD 指标在其带动下迅速攀升至较高的位置，第一离出现，投资者可追涨入场。

11 月中旬，该股在 12.00 元价位线附近受阻后，形成了一次幅度较大的回调下跌。同一时刻，DIF 减缓上扬角度，转为走平，缓慢靠近了依旧上移的 DEA，形成第一靠，促使短线投资者兑利离场。

由于股价回调的时间不长，DIF 还未接触到 DEA 时，就被再度收阳上涨的股价拉升向上，形成第二离。不过此次股价拉升的持续时间并不长，股价上涨至 14.00 元价位线受到压制再次回调，导致 DIF 与 DEA 形成第二靠。这一离一靠，为投资者带来了又一次波段操作的机会。

　　12 月初，该股回调完毕开始快速上涨，DIF 在接触到 DEA 后不久也跟随上扬，出现第三离。数日后，股价上涨至 19.88 元的最高点后再难突破，于是在 18.00 元价位线附近横盘滞涨。

　　在此期间，DIF 再次下移靠近 DEA，形成第三靠。但由于上涨动能的不足，股价在 12 月中旬蓄积的一次上冲未能突破前期高点，很快便开始收阴，形成下跌走势。

　　DIF 受其影响加大下跌角度，不久之后就跌破 DEA，形成一个高位死叉后持续下行，与连续收阴的 K 线共同发出了明确的看跌信号，预示着转势的到来，此时还未离场的投资者要立即撤离止损。

1.2.8　指标线顶背离时的三离三靠

　　先来介绍 MACD 指标的顶背离。它一般形成于股价高位，可以是阶段高位，也可以是行情高位，指的是当股价高点不断创出新高的同时，MACD 指标中的 DIF 高点却在渐次下移，K 线走势与指标走势形成背离。

　　而 MACD 指标顶背离时的三离三靠，就是当股价上涨时，DIF 运行于 DEA 下方，三次向上靠近，又三次向下远离 DEA 的形态，图 1-18 为 MACD 指标顶背离时的三离三靠示意图。

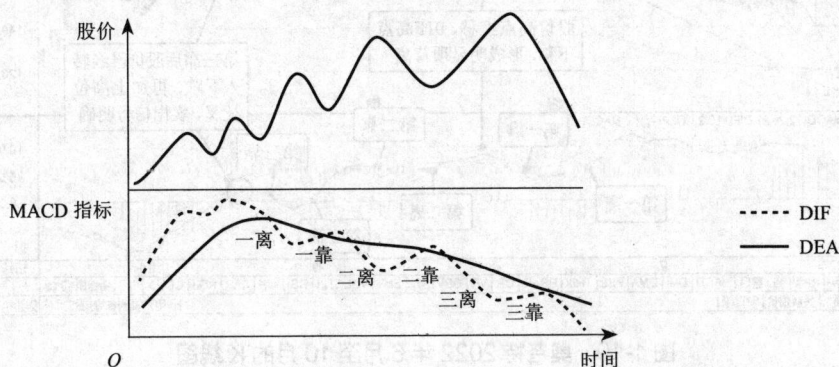

图 1-18　MACD 指标顶背离时的三离三靠示意图

　　在 MACD 指标顶背离的过程中，若 DIF 与 DEA 形成三离三靠，那么两条指标线的交叉可能会比较频繁，毕竟股价还在继续上涨，对指标线的影响还是比较大的。但只要 DIF 不彻底突破到 DEA 以上，形态就不受影响。

关于 MACD 指标顶背离时三离三靠的信号，相信投资者也比较清楚了。MACD 指标线的下降本就代表着多方开始衰弱，股价反复创新高都不能带动 DIF 彻底突破 DEA，就是市场推涨动能逐渐耗尽，后市可能即将见顶的进一步证明。

虽然短线投资者依旧可以在股价上涨过程中分段买卖，但由于见顶的风险较高，投资者还是要保持谨慎，一旦股价彻底下跌，就要立即卖出。

下面来看一个具体的案例。

实例分析
奥普特（688686）MACD 指标顶背离时的三离三靠解析

图 1-19 为奥普特 2022 年 6 月至 10 月的 K 线图。

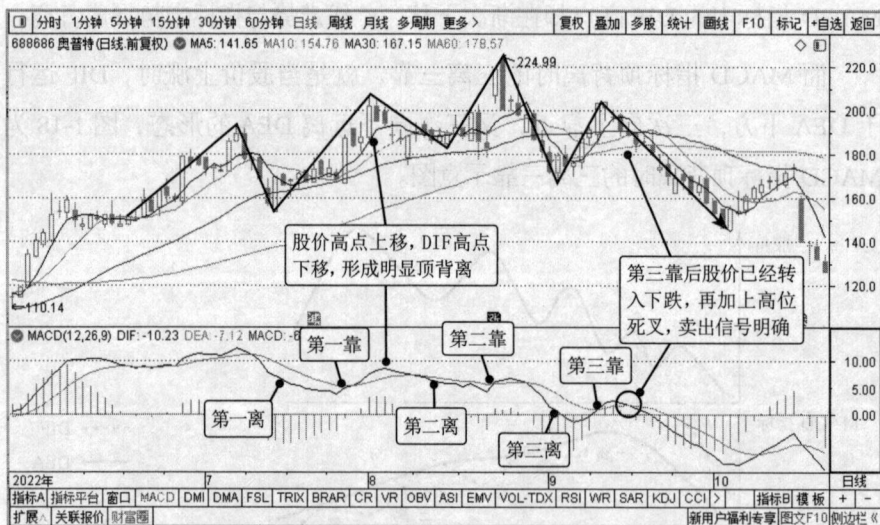

图 1-19　奥普特 2022 年 6 月至 10 月的 K 线图

在奥普特的这段走势中，股价正处于比较高的位置。2022 年 6 月，该股涨势还算稳定，MACD 指标随之运行到高位。进入 7 月后，股价在

200.00 元价位线下方受阻回调，使得 DIF 下穿 DEA，形成了一个高位死叉后持续下行，形成第一离，预示着此次回调风险较大，场内投资者应先行出局。

数日后，该股在 160.00 元价位线附近受到支撑后继续上涨，DIF 向上靠近 DEA 并很快突破，实现了第一靠。但就在股价再次于 200.0 元压力线处受阻回调的同时，DIF 转头下跌，不久后就落到了 DEA 以下，形成第二离。

此时仔细观察 K 线和 MACD 指标线的关系也可以发现，在股价向上创出新高的同时，DIF 的高点却出现了明显下移，二者产生初步的顶背离。这意味着市场推动力不足，股价可能即将面临见顶，一直在场内借助三离三靠形态买卖的短线投资者要特别注意。

8 月下旬，在股价回调完毕再次上涨的带动下，DIF 与 DEA 的第二靠也形成了，DIF 依旧小幅突破到了 DEA 之上。股价创出 224.99 元的新高后，很快便进入了一波速度较快的下跌之中，DIF 再度跌破 DEA，形成第三离。

这一次股价连续跌破了 30 日均线和 60 日均线的支撑，跌幅比较深，再加上 DIF 下行角度较大，与 DEA 的偏离值也大于前期，投资者基本可以判断出后市的看跌信号，机警一些的投资者此时就可以彻底出局观望。

进入 9 月后，股价再次回升，但上涨数日便在 200.00 元这一关键压力线上受挫，拐头继续下跌，并彻底跌破了两条中长期均线。DIF 跟随股价的涨跌先后形成了第三离和第三靠，并且随着价格的不断下跌，DIF 下穿 DEA 形成高位死叉后持续下行，发出了明确的卖出信号。

这种情况下，股价受前期高点的压制，短时间内回暖的概率很低，下跌趋势已经形成，惜售的投资者也不应该再停留。

1.2.9　指标线底背离时的三离三靠

MACD 指标的底背离与顶背离正相反，指的是在下跌趋势的后期，股价低点不断下移的同时，DIF 低点却在上移的走势。在此期间形成的三离三靠，就是 DIF 连续三次向下靠近 DEA，又三次向上远离 DEA 造成的，图 1-20 为 MACD 指标底背离时的三离三靠示意图。

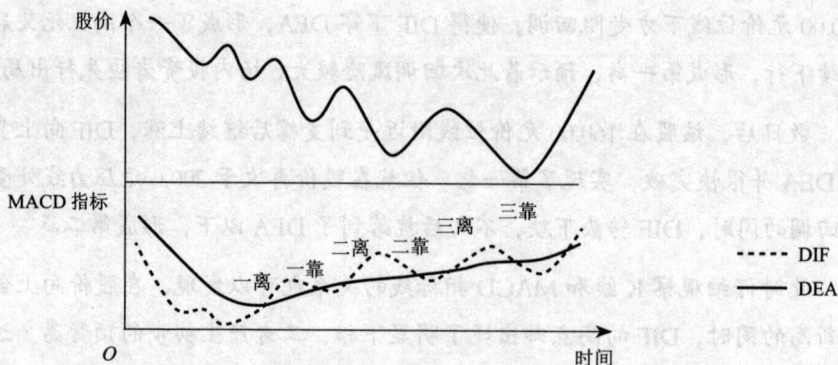

图 1-20　MACD 指标底背离时的三离三靠示意图

MACD 指标底背离时的三离三靠，期间的两条指标线也会形成多次交叉，DEA 也不会一如既往地稳定上移，而是会随着股价的震荡而不断上下波动，但整体走势还是偏向上方的。

不过需要注意的是，在股价靠近底部的位置可能会出现加速下跌的现象，大概率是主力压价吸筹的缘故。这种加速下跌可能会导致 MACD 指标线出现下移，第三离和第三靠的位置与前期齐平甚至走低，但只要没有低于前期 DIF 的低点，就不影响形态的成立。

因此，短线投资者既可以在 MACD 指标底背离时的三离三靠形成期间进行波段操作，也可以等待股价彻底转势后借助第三靠后的金叉买进，介入后市的上涨趋势之中。

下面来看一个具体的案例。

实例分析

克来机电（603960）MACD 指标底背离时的三离三靠解析

图 1-21 为克来机电 2022 年 1 月至 6 月的 K 线图。

从图 1-21 中可以看到，克来机电正处于下跌行情向上转势的过程中。2022 年 1 月，股价快速下跌，一路跌至 25.00 元价位线附近才止跌横盘，导致 MACD 指标线深入 0 轴以下。不过后续的横盘也带动 DIF 出现上移，并突破到了 DEA 以上，随着横盘的继续而持续上扬，形成第一离。

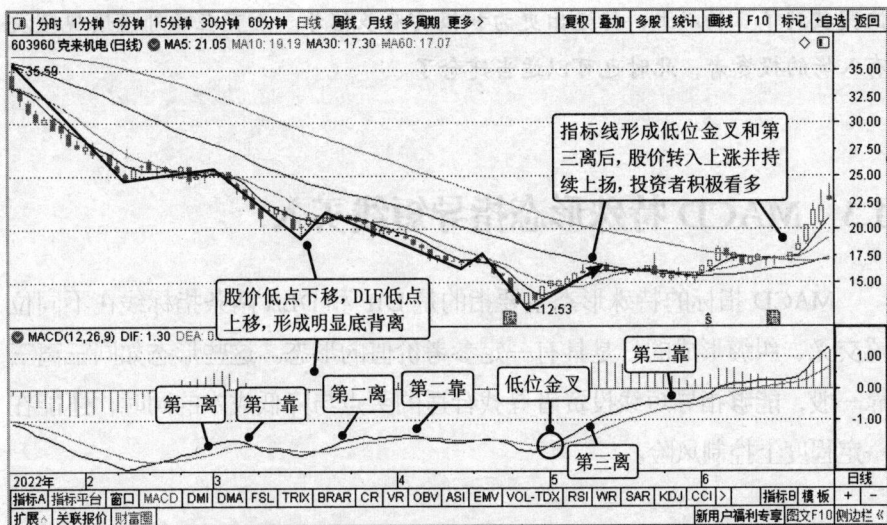

图 1-21　克来机电 2022 年 1 月至 6 月的 K 线图

继续来看后面的走势。3 月初，股价跌破横盘区间继续下跌，DIF 向下靠近 DEA 并很快跌破，形成第一靠。3 月中旬，股价在 20.00 元价位线附近得到支撑后小幅反弹，DIF 转而上扬，突破 DEA 后形成第二离。

同时观察 DIF 和股价的低点可以发现，二者一升一降，形成了底背离形态，传递出近期见底的信号，投资者可对其保持关注。

3 月下旬，股价继续下跌后带动 DIF 下行靠近 DEA，形成第二靠。待到股价跌至 17.50 元价位线下方后再度反弹，DIF 也拐头向上。不过由于此次反弹幅度实在太小，DIF 没有回到 DEA 之上，而是与 DEA 一同走平，因此不能算作第三离。很快，下跌再次到来，DIF 跟随下移。

4 月底，股价在 12.53 元的位置见底后迅速收阳上涨，涨势相较于前期明显强势得多，DIF 迅速拐头向上并彻底突破到了 DEA 之上，在低位金叉之后形成第三离。

从后续的走势可以看到，该股在上涨至 30 日均线附近后，受到均线下跌的惯性压制而小幅回调，但 15.00 元价位线提供了充足的支撑力，股价很快便彻底突破到 30 日均线之上，开启新一波上涨。

在此期间，DIF 向下靠近 DEA 形成第三靠后，在价格回升的带动下很快突破到了 0 轴以上，传递出更为积极的看多信号。一直在场外谨慎观望没有入场的投资者，此时也可以适当建仓了。

1.3 MACD 特殊形态指导短线买入

MACD 指标的特殊形态主要指的是 DIF 和 DEA 两条指标线在不同位置交叉、纠缠形成的，是具有一定参考价值的形态。这些形态如同三离三靠一般，能够指导短线投资者寻找合适的买点与降低成本的同时，还能在一定程度上控制风险。

1.3.1 漫步青云

漫步青云指的是 DIF 在 0 轴上方下穿 DEA 形成高位死叉后落到 0 轴下方，一段时间后再度回升，于 0 轴附近上穿 DEA 形成金叉，开启下一段上涨，图 1-22 为 MACD 指标漫步青云形态示意图。

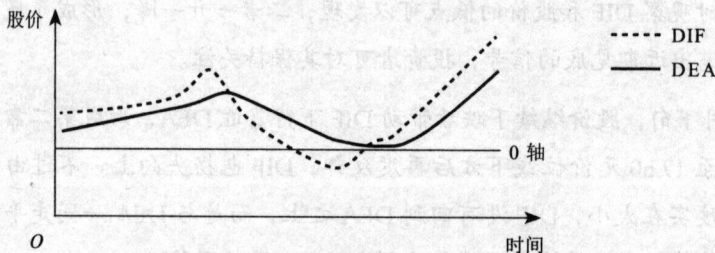

图 1-22 MACD 指标漫步青云形态示意图

漫步青云形态的金叉位置只要在 0 轴附近即可，不拘泥于上下之分，但 DIF 一定要落到 0 轴以下后再回升突破 DEA，这样才能视作形态成立。至于 DEA 是否需要跌破 0 轴，则没有过多的要求。

漫步青云形成的原因很多，既可能是股价上涨过程中的回调，也可能是趋势转为下跌后的反弹，还可能是震荡行情中的常规涨跌。

不过无论是哪种情况，漫步青云的金叉形成后，若指标线能够持续上扬，乃至跃过前期死叉处的高点，那么后市上涨的概率就比较大了，短线投资者完全可以择机追涨入场。

下面来看一个具体的案例。

实例分析

中国移动（600941）MACD 指标漫步青云形态解析

图 1-23 为中国移动 2022 年 9 月至 2023 年 3 月的 K 线图。

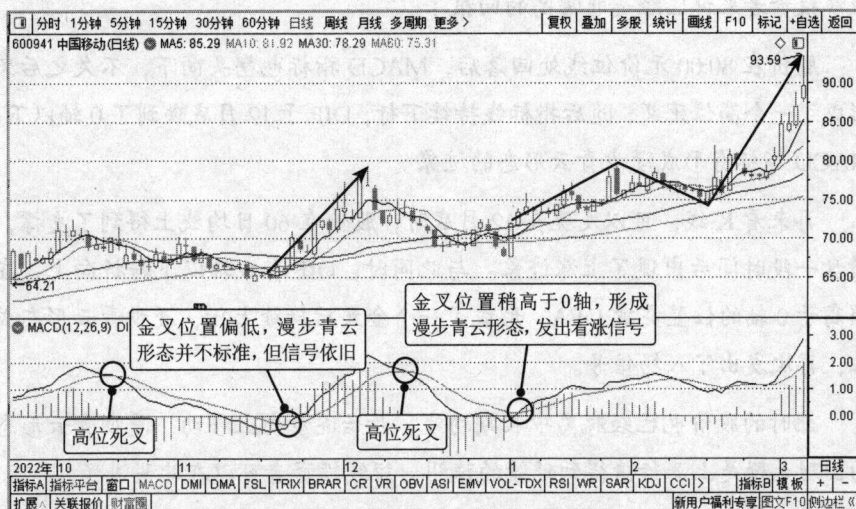

图 1-23　中国移动 2022 年 9 月至 2023 年 3 月的 K 线图

从图 1-23 中可以看到，中国移动正处于上涨行情之中，期间 MACD 指标一直在跟随股价上下波动。

从 2022 年 9 月开始，股价就维持着上涨走势，MACD 指标线运行到 0 轴以上的高位。直到股价小幅跃过 70.00 元价位线后才受阻回调，开始整理。MACD 指标受其影响很快拐头向下，DIF 下穿 DEA，形成一个高位死叉后持续下行，预示着回调的时间较长，幅度较大，此时短线投资者应及时出局。

11 月上旬，DIF 跌破 0 轴，进入空头市场之中，DEA 紧随其后也落到了 0 轴以下，两条指标线有继续深入的迹象。不过一段时间后，股价在 65.00 元价位线附近得到支撑后回归上涨，带动 MACD 指标线向上转向并形成一个低位金叉。

仔细观察可以发现，漫步青云形态的高位死叉、DIF跌破0轴、0轴附近金叉等条件，在此时都已经得到满足。尽管金叉的位置偏低，形态稍显不标准，但买入信号还是存在的，再加上股价在两条中长期均线的支撑下正迅速收阳上涨，市场看多情绪浓厚，短线投资者可以在此建仓。

继续来看后面的走势。此次股价一路攀升至靠近80.00元价位线的位置才止涨回落，相较于11月中旬起涨处的65.00元，短期涨幅约为23%，对于短线投资者来说已经是非常高的回报了。

股价在80.00元价位线处回落后，MACD指标也拐头向下，不久之后又形成了一个高位死叉，随后指标线持续下行，DIF于12月底跌到了0轴以下，MACD指标有形成漫步青云形态的迹象。

再来看K线，可以发现在12月底时，股价在60日均线上得到了支撑，横盘一段时间后出现了上涨迹象。与此同时，DIF在0轴以下转折向上，在稍高于0轴的位置突破DEA，形成了一个金叉后持续上行，漫步青云形态成立，再次发出了入场信号。

此时的股价也已经脱离中长期均线，开始逐步向上移动，漫步青云形态的出现无疑是上涨行情得到延续的证明，短线投资者可以在此买进了。

从后续的走势可以看到，股价在2023年1月底于80.00元压力线处受阻后暂时未能突破成功，但经过一段时间的回调后，K线大幅收阳上涨，最终还是跌到了压力线之上，开启了新一波上涨。MACD指标线也跃过了前期高点，进一步证实了这一推论，此时投资者可以适当加仓，扩大收益。

1.3.2 空中缆绳

空中缆绳形态需要MACD指标线先在0轴以下形成一个低位金叉，随后逐步上行至0轴以上，DIF在股价回调的带动下向下靠近DEA，两条指标线黏合在一起，形似缆绳，不久之后再度分开，回归上扬走势之中，图1-24为MACD指标空中缆绳形态示意图。

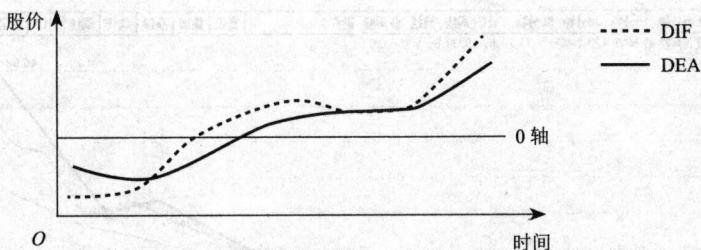

图 1-24　MACD 指标空中缆绳形态示意图

空中缆绳的形成原因与漫步青云比较类似，区别在于空中缆绳是在上涨基础上形成的强化看涨信号，很多投资者更愿意在空中缆绳处买进。

形态中比较明确的买入点有两处，分别是低位金叉的位置及缆绳形成的位置。两个买点各有优劣，前者能够有效降低持仓成本，但容易判断失误反被套；后者则是抬高了成本，但降低了风险。投资者在决策时还是要根据自身策略和风险承受能力来决断，避免盲目跟风。

注意，空中缆绳形态中的"缆绳"可能会多次出现，就像三离三靠一般。出现这种情况，说明股价还未彻底脱离整理阶段，或者强势拉升还未来临，短线投资者可耐心等待时机。

下面来看一个具体的案例。

实例分析

光力科技（300480）MACD 指标空中缆绳形态解析

图 1-25 为光力科技 2021 年 2 月至 7 月的 K 线图。

在光力科技的这段走势中，上涨趋势表现得十分明显。从 2021 年 2 月中旬开始，股价就进入了上涨之中，拐点形成的位置也是 MACD 指标低位金叉形成的位置，在此之后，指标线就逐步运行到了 0 轴以上。

3 月初，股价在 17.50 元价位线附近受阻后小幅回落，随后在 15.00 元价位线附近横盘整理。DIF 受其影响拐头向下，与 DEA 纠缠在一起，形成了一股缆绳，随着股价整理时间的拉长，这股缆绳也越来越长，说明市场还未蓄积足够的推涨动能，买入时机不成熟，投资者可按兵不动。

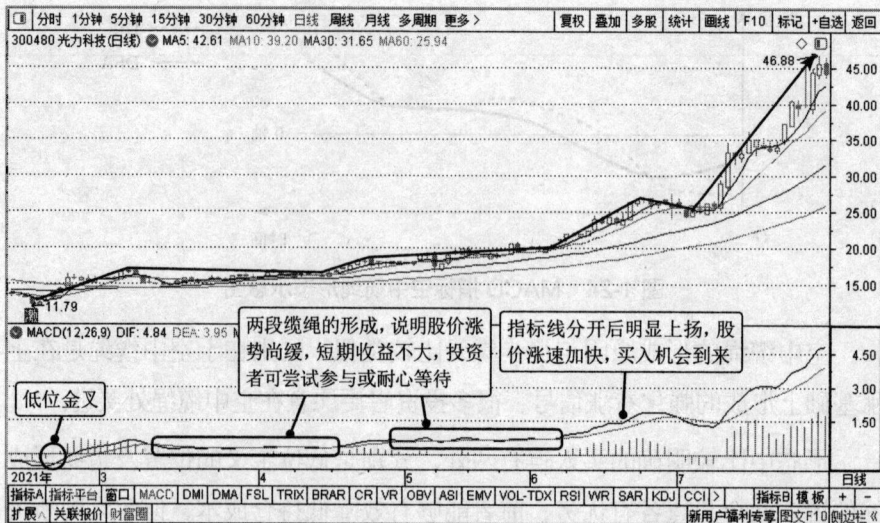

图 1-25　光力科技 2021 年 2 月至 7 月的 K 线图

继续来看后面的走势。4 月中旬，股价终于加快了上涨速度，但也只是加快了一点，就在 20.00 元价位线下方受阻后再次横盘。DIF 短暂与 DEA 分开后很快又聚合在一起，形成了第二股缆绳，投资者依旧需要观望。

6 月初，股价已经缓慢攀升至 20.00 元价位线以上，但涨速实在太慢，DIF 和 DEA 始终黏合在一起。直到 K 线突然大幅收阳上涨，彻底突破 20.00 元压力线，DIF 才终于向上脱离了 DEA。两条指标线在股价积极上涨的带动下持续上扬，空中缆绳形态宣告成立，短线投资者此时就可以迅速买进入场，抓住后续涨幅。

1.3.3　小鸭出水

小鸭出水的整个形态都在 MACD 指标的 0 轴以下形成，DIF 需要与 DEA 形成三个交叉，分别是一次低位金叉、一次低位死叉和二次低位金叉。其中，二次低位金叉的位置需要适当高于一次低位金叉，表现出低点逐步上移的状态，图 1-26 为 MACD 指标小鸭出水形态示意图。

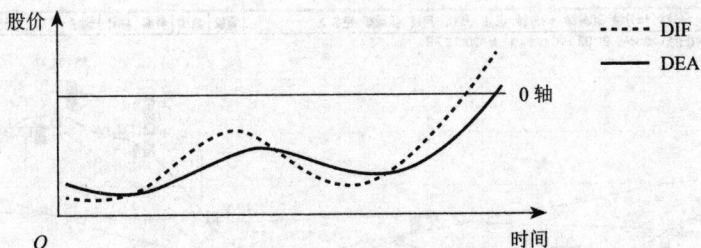

图 1-26　MACD 指标小鸭出水形态示意图

小鸭出水的研判关键在于二次低位金叉，它意味着股价从相对低位开始回升，并且经过整理后依旧看多。如果二次低位金叉形成后不久，DIF 和 DEA 能够相继运行到 0 轴以上，那么小鸭出水形态的买入信号将会得到进一步验证。

由此可见，小鸭出水形态中的买点还是比较丰富的，无论是一次低位金叉处、二次低位金叉处，还是指标线突破 0 轴处，短线投资者都可以考虑建仓或加仓。

下面来看一个具体的案例。

实例分析

先惠技术（688155）MACD 指标小鸭出水形态解析

图 1-27 为先惠技术 2020 年 12 月至 2021 年 2 月的 K 线图。

从图 1-27 中可以看到，先惠技术正处于涨跌趋势的转换过程中。2020 年 12 月，股价长期维持着下跌走势，只是到了后期跌速有所减缓，但即便如此，MACD 指标线也运行到了 0 轴以下，代表市场走弱。

12 月底，股价在 60.00 元价位线的支撑下横盘数日后小幅反弹，K 线收阳上涨，带动 DIF 拐头向上突破 DEA，形成了一个低位金叉。但在数日之后，该股便在 80.00 元价位线和 60 日均线的压制下回归下跌，使得 DIF 跟随向下转向跌破 DEA，形成低位死叉。

在此期间，K 线收阴的时间较长，幅度较大，股价前期回升的趋势并不明显，整体看起来更像是下跌途中的反弹。因此，谨慎的短线投资者还是不要着急入场，即便要在低位金叉处抢反弹，也要谨慎。

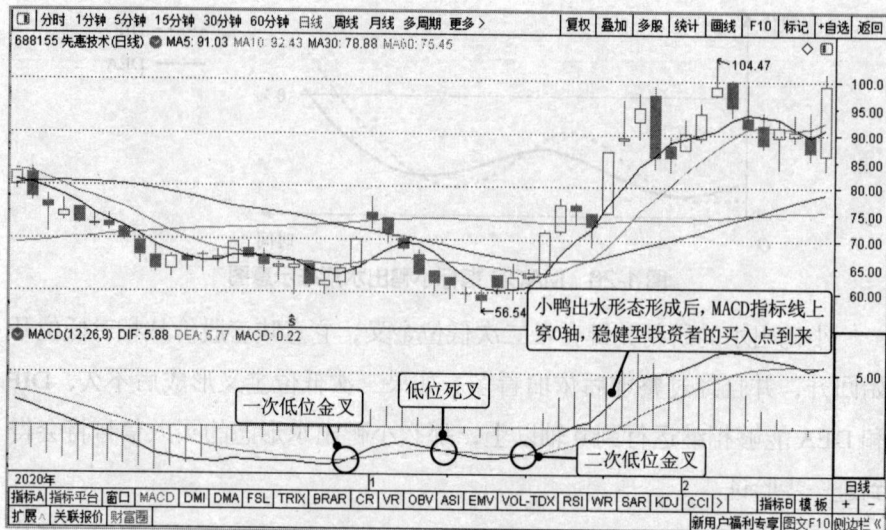

图 1-27　先惠技术 2020 年 12 月至 2021 年 2 月的 K 线图

进入 2021 年 1 月后，股价一路下跌至 56.54 元后，很快回升至 60.00 元支撑线上横盘。数日后，K 线大幅收阳上冲，带动 DIF 再次拐头向上突破 DEA，形成了一个位置更高的低位金叉，也就是二次金叉，小鸭出水形态成立，此时短线投资者可试探着建仓了。

继续来看后面的走势。股价在短短几个交易日内就成功突破了 60 日均线的压制，并且在回踩确认其支撑力后继续收阳，凭借一根涨停大阳线突破了前期高点，也就是 80.00 元价位线的压制。

就在股价积极冲破重重压力线的同时，MACD 指标线也积极上扬，很快便来到了 0 轴以上，进一步确认了小鸭出水形态的有效性。此时，稳健的短线投资者也可以加快建仓步伐了。

1.3.4　空中缆车

空中缆车与小鸭出水的技术形态非常相似，关键研判依据都是 MACD 指标线形成的二次金叉。但空中缆车之所以能悬在"空中"，是因为它的两个金叉和一个死叉都要形成于 0 轴以上，图 1-28 为 MACD 指标空中缆车形态示意图。

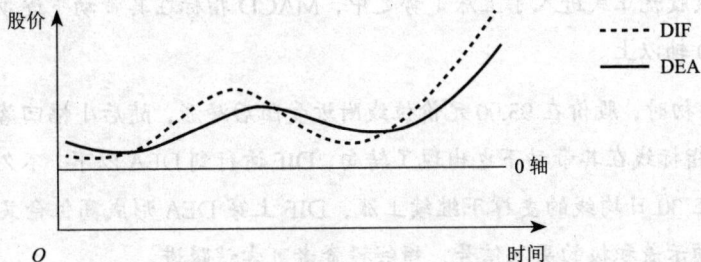

图 1-28　MACD 指标空中缆车形态示意图

　　由于两个金叉都形成于 0 轴以上，那么形态对二次金叉的位置高低就没有做过多的要求，高于或低于一次金叉都是可以的。只要二次金叉形成后 MACD 指标线能够持续上扬，形态就能成立，投资者建仓也有信心。

　　下面来看一个具体的案例。

实例分析

松井股份（688157）MACD 指标空中缆车形态解析

　　图 1-29 为松井股份 2022 年 5 月至 8 月的 K 线图。

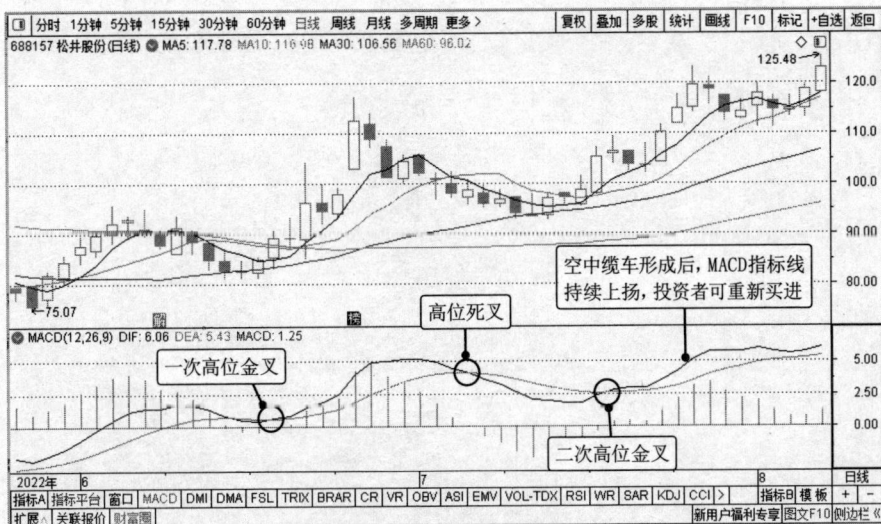

图 1-29　松井股份 2022 年 5 月至 8 月的 K 线图

在松井股份的这段走势中，上涨趋势是比较明显的。从 2022 年 5 月底开始，该股就正式进入了上涨走势之中，MACD 指标在其带动下逐步回暖，跃升到 0 轴以上。

6 月初时，股价在 95.00 元价位线附近受阻后滞涨，随后小幅回落整理。MACD 指标线在其带动下也出现了转向，DIF 运行到 DEA 以下。不久之后，该股便在 30 日均线的支撑下继续上涨，DIF 上穿 DEA 形成高位金叉后持续上扬，预示着积极的买入信号，短线投资者可尝试跟进。

这一波上涨一直持续到了 6 月底，股价来到了接近 120.00 元价位线附近，在此受挫后拐头下跌。MACD 指标线也跟随转向并形成高位死叉，确认了回调走势，投资者可尽快抛盘兑利，等待下一次买入机会。

从后续的走势可以看到，该股在 30 日均线附近再次得到支撑并上行，说明上涨趋势还是比较稳定的。MACD 指标迅速拐头向上，形成了一个位置更高的高位金叉，也是二次金叉，空中缆车形态成立的同时，也向投资者发出了明确的看涨信号，二次金叉的位置就是投资者重新买进的位置。

第2章

MA：寻找短线可靠操作点

MA指标也叫移动平均线，是投资者最常观察，也是最常使用的技术指标之一。它属于趋势性指标，对于寻找单边行情中的买卖点有很好的辅助作用。除此之外，均线也对股价起着重要的支撑和压制作用，短线投资者只要应用得当，就有机会提高研判成功率，进而增加短期收益。

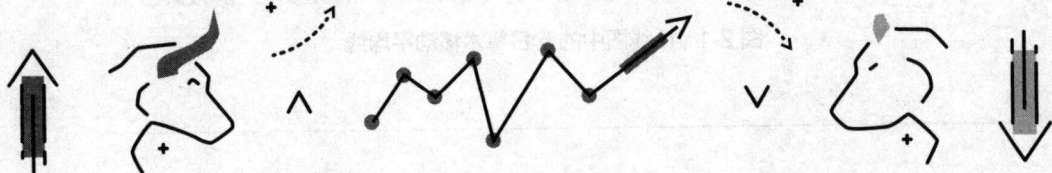

2.1 MA 指标的基础认知

MA 指标的中文名称为移动平均线，简称均线，是用统计分析的方法，将一定时期内的收盘价加以平均后，把不同时间的平均值连接起来，形成的一条 MA 曲线，主要用以观察股价变动趋势。

在第 1 章的部分案例解析中已经简单提及了 MA 指标的使用方法，但仍是比较简略，投资者还需跟随本节内容，深入了解 MA 指标的本质。

2.1.1 MA 指标的计算原理与功能

MA 指标的计算方法主要有两种，一种是算术平均；另一种则是加权平均。其中，算术移动平均线是最简单的移动平均线，投资者最常使用的也正是根据这种算法得出的均线。它是以每日收盘价作为计算依据，以不同时间长度作为计算周期，所得出的没有偏向性的平均曲线。

以 5 日算术移动平均线为例，曲线中的每一个平均值都是以最近 5 个交易日的收盘价为计算依据，加总后除以 5 得出的算术平均值，图 2-1 为 K 线图中的 5 日算术移动平均线。

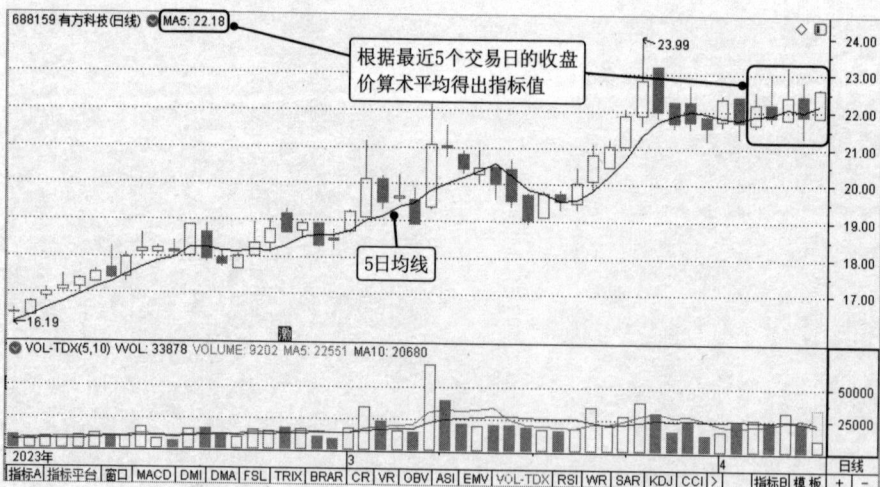

图 2-1 K 线图中的 5 日算术移动平均线

加权平均线则是对算术平均线中某些缺陷的修正。因为算术平均线将所有价格一视同仁，没有考虑到近期价格和远期价格对股价变动的影响程度，因此会存在一定的滞后性，时间周期越长，这种缺陷越明显。

而加权移动平均线的设计就是基于一个假设，即距当前越近的价格对未来价格波动的影响越大，距当前越远的价格对未来价格波动的影响越小。依据这一假设计算得出的加权移动平均线，能够在一定程度上修正算术平均线的滞后性。

不过，由于加权移动平均线计算公式的复杂程度较高，均线的时间周期越长，计算量越大，对硬件和软件来说都是不小的负担。因此，加权移动平均线在实战中其实并不常用，投资者只做简单了解即可。

MA 指标的功能还是比较丰富的，综合起来主要有四大功能，分别是揭示股价运行趋势、反映市场平均成本、助涨与助跌及判断买卖时机，表 2-1 为 MA 指标的四大功能解析。

表 2-1　MA 指标的四大功能解析

功　　能	含　　义
揭示股价运行趋势	基于 MA 指标的计算特性，它的稳定性会随着计算周期的拉长而不断加强，越是稳定的均线，越能够反映出某时间内的行情运行趋势，同时平缓股价的频繁震荡，帮助投资者更清晰地观察到当前市场的走向，寻找转折点。这一点相信投资者在第 1 章的部分案例中已经有所体会了，股价回调只要不跌破中长期均线，后市继续上涨的概率就比较大
反映市场平均成本	反映市场平均成本的概念比较难解释，投资者可以从市场预期方面来理解。当均线向上时，资金大量流入市场，且是以不断提高的成交价格流入的。这说明资金的持有人对于个股的预期不断提高，导致成交价格持续拉升，进入市场的成本也在上升；当均线向下时，资金转而流出市场，在投资者对个股的预期降低、急于离场之时，成交价格只会不断被压低。此时接盘的投资者能够以相同的价格获取更多的筹码，进入市场的成本随之下降。 比如在上涨行情中，短期均线转头向下触碰到中长期的上扬均线，就说明短期投资者的平均成本开始降低，与中期投资者的平均成本相吻合。但中期投资者对个股依旧看好，短期投资者离场造成的抛压会在中期投资者的平均成本线上得到释放。这就是短期均线和股价同步回调到中长期均线时被支撑力推回上涨轨道的市场原理

功　能	含　义
助涨与助跌	MA 指标的助涨助跌功能，与其对股价的支撑作用和压制作用息息相关。当股价向上突破均线，说明个股现有价格已经超过了投资者的平均成本，投资者已经开始获益，留在场内持股待涨。场外投资者认为有利可图，便追着上升的价格入场，进一步提高平均成本，导致均线上扬。股价受到均线的支撑，不断向上攀升，这就是均线的助涨；当股价向下跌破均线，说明个股的现有价格已经低于投资者的平均成本，投资者资金亏损，希望尽快抛盘离场。场外接盘的投资者则希望以更低的价格建仓，不断压低的价格导致均线下行。股价受到均线的压制，不断下跌，这就是均线的助跌
判断买卖时机	判断买卖时机的概念很好理解，在知晓 MA 指标的各项功能后，投资者就能够在相应的位置大致判断出股价的变盘方向。比如在上涨行情中，当短期均线回踩中长期均线不破，或从下向上突破中长期均线时，形态释放出买入信号；在下跌行情中，当短期均线回抽到中长期均线附近受阻，或从上向下跌破中长期均线时，形态释放的则是卖出信号

2.1.2　根据策略调整适合的指标参数

　　MA 指标中可修改的指标参数主要是时间周期，比如 5 日均线、10 日均线中的"5 日"和"10 日"。至于投资者为什么要修改均线的时间周期，主要与均线的滞后性和敏感度有关。

　　通过前面内容的学习可以知道，均线的计算基期越长，得出的平均值受新数据的影响就越小。比如 60 日均线，它的计算依据是最近 60 个交易日的收盘价，算术平均得出的数值相对稳定，就算加入了一个涨停高价，也基本不会对新数值产生太大影响。

　　正因如此，时间周期越长的均线稳定性就越好。相应的，它与股价的贴合度要差很多，很多时候需要股价连续上涨或下跌一段时间后才出现走平或是转向，如果单独使用，对短线投资者来说不太友好。

　　但时间周期比较短的均线又会出现与股价贴合度过高、波动太过频繁、稳定性较差的问题，使得指标的参考价值不高，这也不是短线投资者希望看到的，这一点从图 2-2 中 5 日均线和 60 日均线的对比就可以看出。

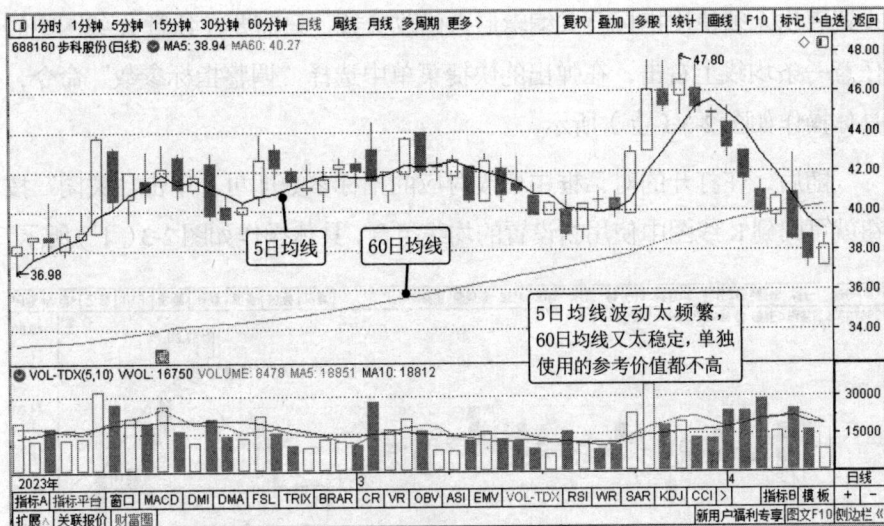

图 2-2　K 线图中的 5 日均线和 60 日均线

因此，学会将不同时间周期的均线进行组合，灵活变通应用，是投资者的必修课之一。不过，均线的数量并非越多越好，一般有三四条就可以了，再多就容易造成混乱。

对于持股周期较短的投资者来说，两条短周期均线加两条中长期均线的组合就比较适用。比如 5 日均线、10 日均线、30 日均线和 60 日均线的组合；或者再短一点儿的，比如 3 日均线、5 日均线、20 日均线和 40 日均线的组合等。

投资者可以根据自身的持股时间和操盘策略来进行调整，但尽量不要使用超短期均线和超长期均线的组合，比如 3 日均线、5 日均线、60 日均线和 120 日均线。这种极端均线组合在一起，就好像图 2-2 中的 5 日均线和 60 日均线混用一样，研判效果反而不好。

明白均线周期调整的必要性后，投资者还要熟知如何在炒股软件中调整这些参数。

由于 MA 指标是大多数炒股软件中的系统指标（可以理解为软件自带的指标），其中的指标代码、叠加方式和公式类型等是不能修改的。因此，投资者也无须使用指标公式编辑器来修改参数，只需要在任意 K 线图中的任意一条均线上右击，在弹出的快捷菜单中选择"调整指标参数"命令，具体操作如图 2-3（上）所示。

随后，在打开的对话框中修改对应的指标参数即可，单击"关闭"按钮就可回到 K 线图中使用新设置的均线组合，具体操作如图 2-3（下）所示。

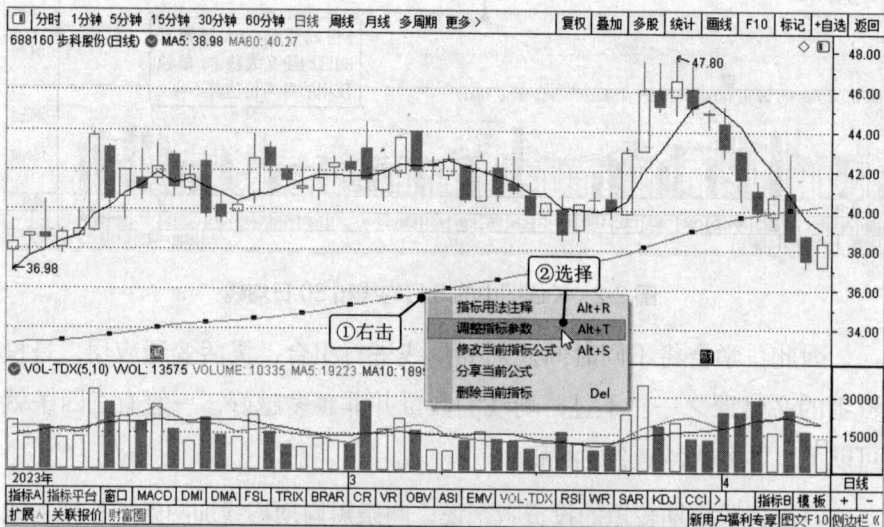

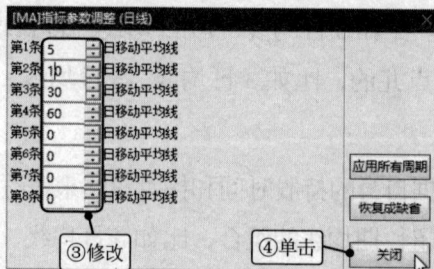

图 2-3　MA 指标的参数调整

拓展知识 *关于 MA 指标的隐藏和调用*

一般来说，均线是默认叠加在 K 线主图上的指标，但如果投资者不想受均线影响，或者认为均线叠加 K 线会使得画面过于杂乱，可以选择将其隐藏。方法很简单，只需将键盘调整为大写状态后输入"MA"，打开炒股软件自带的"键盘精灵"，然后按【Enter】键，即可快速隐藏指标。调用均线也是一样的方法。

2.2　MA 指标特性在短线中的应用

MA 指标的特性主要体现在多条均线组合使用时形成的多种特殊形态和走势，如果参数设置合适，这些特性将会为投资者的买卖操作带来极大的助益。本节主要以 5 日均线、10 日均线、30 日均线和 60 日均线的组合为例来深入解析 MA 指标的应用之法。

2.2.1　MA 指标的黏合、交叉与发散

黏合、交叉与发散是均线组合在运行过程中最常出现的，也是最容易被观察到的特性。交叉特性很好理解，就是均线组合之间因为运行规律的不同，互相穿插形成的，但黏合和发散特性就需要深入解析一番了。

均线的黏合指的是当股价走平，或者在一个较为狭窄的价格区间内横盘震荡时，短期均线和中长期均线聚合到一起，均线与均线的间距很小。

从平均成本的角度来看，当均线黏合时，短期、中期和长期投资者对市场的预期出现了高度重合，场内不同周期的平均持股成本大致相同，筹码短时间内集中于某一价格区间。此时市场主要持观望态度，场内浮筹不断换手，等待后续的变盘。

均线的发散则是指股价在盘整结束后朝着某一方向运行，均线由聚拢转为分离，并呈同步向某一方向辐射开的现象。根据股价变盘的方向，均线发散也分为多头发散与空头发散，前者朝上，后者朝下，发出的信号也截然不同，图 2-4 为均线黏合后多头发散示意图。

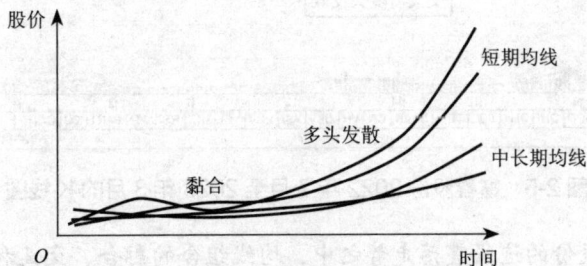

图 2-4　均线黏合后多头发散示意图

多头发散意味着股价向上变盘，短期上涨趋势基本可以确定。均线组合发散的角度越大，均线之间的距离越远，就意味着股价上涨的速度越快，幅度越大，短线投资者完全可以抓住时机建仓。

而空头发散则说明股价向下变盘，是明确的卖出信号。均线组合发散角度越大，股价跌势越迅猛，投资者越需要坚定止损决心。

注意，均线的发散并不只在黏合后形成。当股价震荡，均线组合交叉运行的后期，若价格能够朝着单边运行，那么发散形态也是会出现的，释放的信号不会有太大改变。并且均线组合的黏合、交叉和发散特性只需要三条均线便可实现，四条均线共同行动则更能增加信号强度。

下面来看一个具体的案例。

实例分析
富春股份（300299）均线组合的黏合、交叉与发散分析

图 2-5 为富春股份 2022 年 7 月至 2023 年 3 月的 K 线图。

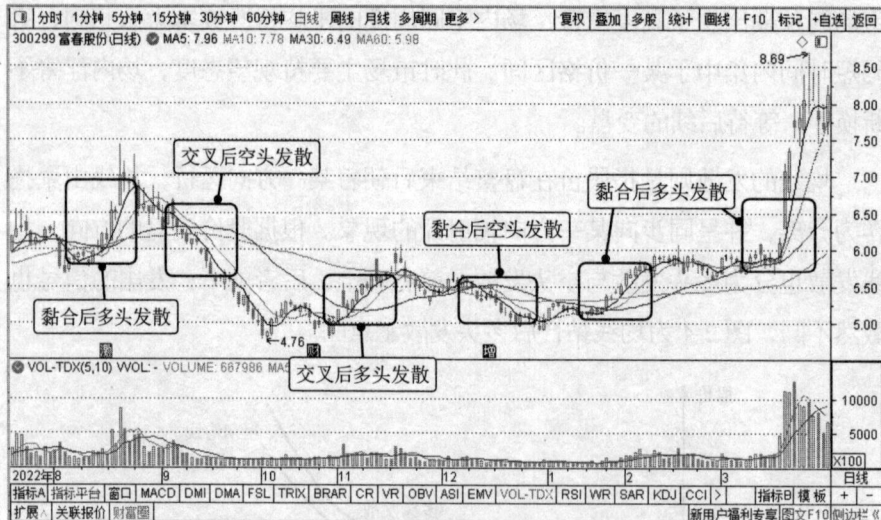

图 2-5　富春股份 2022 年 7 月至 2023 年 3 月的 K 线图

在富春股份的这段震荡走势之中，均线组合的黏合、交叉和发散特性得

到了充分的体现，均线交叉后的多头发散、空头发散，黏合后的多头发散、空头发散，在这段走势中都存在。

在这段股价走势中首先形成的是均线黏合后多头发散的形态。2022 年7 月，股价在 6.00 元价位线附近横盘震荡，导致均线组合逐渐聚拢，形成黏合。8 月中旬，K 线大幅收阳上涨，带动均线组合向上形成多头发散，传递出明确的短线买入信号，投资者可跟随入场。

在 7.50 元价位线之下见顶后，股价很快转入下跌之中。短期均线率先跟随下行，与中长期均线形成交叉后带动其转向下方，形成交叉后空头发散的形态，预示着后市看跌，此时未离场的投资者应及时止损。

10 月中旬，股价创出 4.76 元的阶段新低后横盘震荡，此时中长期均线还在下行。10 月底，该股拐头向上，带动短期均线上穿 30 日均线后形成多头发散。尽管 60 日均线未能参与，但这也是一个短线投资者买入的机会。

11 月中旬，股价在 6.00 元价位线附近受阻下跌，落到 5.50 元价位线附近止跌横盘，使得均线组合黏合在一起。12 月中旬，股价再度下跌，均线组合黏合后空头发散，说明跌势未尽，投资者离场后就不要轻易参与。

在后续的走势中，均线组合于 2023 年 1 月底和 3 月中旬分别形成了两次比较明显的黏合后多头发散形态，并且 3 月中旬形成的多头发散位置抬高了不少。这意味着股价可能转入了持续时间较长的多头市场之中，后续的上涨潜力不小，投资者可以借助这两处黏合后多头发散的形态建仓或加仓入场。

2.2.2　MA 指标的服从与扭转

MA 指标的服从与扭转也是比较抽象的两大特性，它们在均线运行过程中频繁出现，但很少会得到投资者的重视，自然就不会对其内在原理进行深入研究。但要真正掌握均线的用法，以便脱离理论后在实战中也能灵活解析各种形态，投资者就必须要辨明这些特性的内在含义。

均线的服从从表面上来看，指的是短期均线要服从中长期均线的走势，市场趋势变化的方向将会按中长期均线的运行方向进行，中长期均线向上，则行情转为上涨；中长期均线向下，则行情转为下跌，图 2-6 为短期均线服从中长期均线示意图。

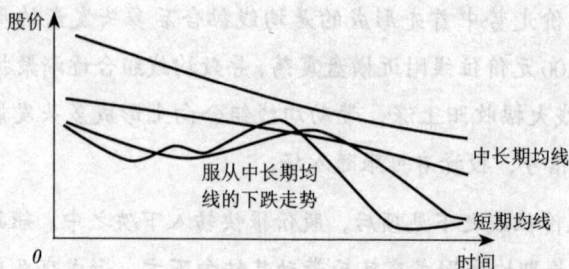

图 2-6　短期均线服从中长期均线示意图

　　从平均成本的角度来看，中长期投资者的资金相对稳定，一旦定下目标就不会轻易受次一级波动影响，因此不会造成频繁的持股成本变动，所以中长期均线更为稳定，对股价的助涨助跌作用也更为强劲和有效。

　　当短期投资者的平均成本与中长期投资者的平均成本相遇，二者对后市的预期趋于一致。但短期投资者显然希望在短时间内得到更高的收益，或是将损失降得更低，就会在高于（低于）中长期均线的位置追涨（杀跌），因此受到中长期均线的支撑和压制，形成服从现象。

　　均线的扭转则是股价转势造成的，此时的均线不再遵从服从的规律，而是由 K 线扭转短期均线，短期均线扭转中长期均线，使得均线组合的运行方向发生转折，图 2-7 为短期均线扭转中长期均线示意图。

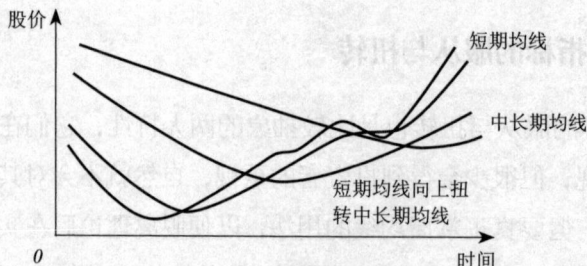

图 2-7　短期均线扭转中长期均线示意图

　　用市场平均成本来分析，以向上扭转为例，就是股价的上涨带动了短期收益的提高，伺机入场的短线投资者的成本在短时间内迅速攀升，使得短期均线跟随股价扭转向上。看准上涨时机建仓或加仓的中长期投资者，其成本也会水涨船高，只是速度更慢，时间周期越长的均线，被扭转向上所需的时间也越长。

由此可见，无论是均线的服从还是扭转，只要在合适的位置出现，投资者再结合实际进行分析，就能得出相应的结论，进而做出买卖决策。

下面来看一个具体的案例。

实例分析

高澜股份（300499）均线组合的服从与扭转分析

图 2-8 为高澜股份 2021 年 8 月至 2022 年 7 月的 K 线图。

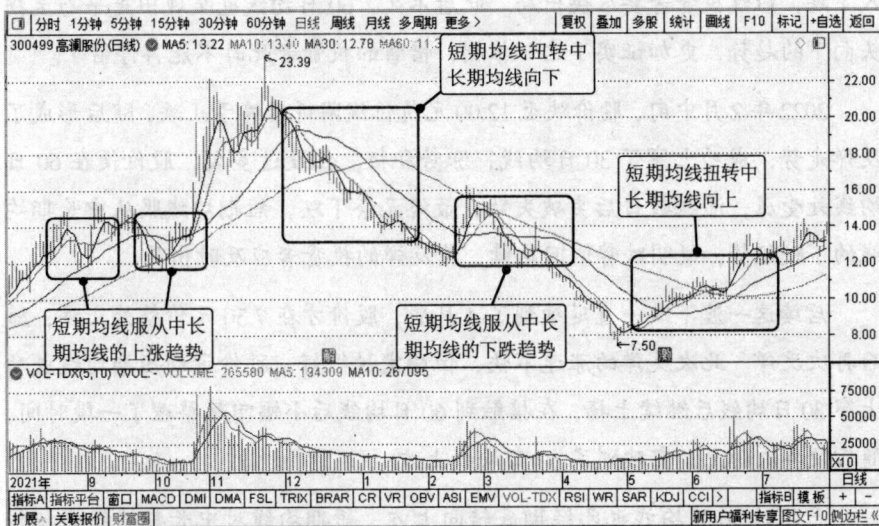

图 2-8　高澜股份 2021 年 8 月至 2022 年 7 月的 K 线图

在高澜股份近一年的这段股价走势中，均线组合的服从和扭转不断发生，持续向投资者传递出买卖信号，若投资者能够充分利用，对于自身的操盘成功率将大有裨益。

先来看上涨过程中的均线服从与扭转。2021 年 8 月，均线组合承托在 K 线之下，支撑股价向上攀升。但在股价小幅跃过 14.00 元价位线后，短线获利盘抛压的释放导致回调形成，K 线带动两条短期均线向下接近 30 日均线。

数日后，该股在 30 日均线上得到支撑再次回升，短期均线也回归上扬走势，显示出服从状态，这里就是一个买点。

一段时间后，股价再次在 16.00 元价位线下方受压回落。这一次价格虽然跌破了 30 日均线，但还是在 60 日均线上得到支撑，整理后继续上涨，出现短期均线服从中长期均线的上涨趋势，投资者可以趁机建仓或加仓。

11 月下旬，股价创出 23.39 元的新高后迅速回落，带动短期均线下穿 30 日均线后跌势不减，于 12 月下旬跌破了 60 日均线。此时，短期均线就不再遵循服从原则，而是在股价大幅下跌的带动下逐步将中长期均线扭转向下。

在股价跌破 60 日均线之前，30 日均线就已经被扭转了，这就已经向投资者发出了强烈的警示信号，代表着股价可能会进入深度回调，或者直接转入下跌，短线投资者要尽快出局。此后不久，60 日均线也呈现出走平乃至拐头向下的趋势，更加证实了这一推测，惜售的投资者此时不能再停留了。

2022 年 2 月中旬，股价跌至 12.00 元价位线附近后终于止跌，随后形成了反弹走势，成功上穿了 30 日均线，涨势积极。但没过多久，股价便在 60 日均线处受压，滞涨数日后突破失败，最终无奈下跌，短期均线服从中长期均线的下跌趋势，说明跌势依旧延续，抢反弹的投资者应及时出局。

后续这一波下跌一直延续到了 4 月底，股价才在 7.50 元价格处止跌，随后再次反弹。此次反弹的涨速不快，但稳定性很好，股价带动短期均线成功上穿 30 日均线后继续上扬，在接触到 60 日均线后小幅回落整理了一段时间，随后便再次向上，突破到了 60 日均线上方。

而此时 30 日均线也已经彻底转向上方，短期均线对中长期均线的扭转开始显现。再加上股价后续积极的上涨走势，行情发生转势的可能性较大，投资者可以试探着建仓。

2.2.3　MA 指标的修复

均线的修复是指当股价出现急涨或急跌时，与均线之间产生了较大的偏离，此时均线会对股价产生一种吸引力，使其向均线的方向靠拢，直至聚合或接触。待到股价接触到短期均线后，还会带动短期均线继续靠近中长期均线，彻底完成修复。

由于均线在很大程度上代表着某段时期内市场的平均成本，因此，这种吸引力指的就是市场平均成本与市场现价之间的相互影响。

当股价上涨超过平均成本太多时，上升的入场门槛会相应拉高成本，同时场内始终存在的卖压会带动股价下跌，使得二者逐渐靠拢；当股价下跌远离平均成本太多时，下降的入场门槛会使得成本降低，接盘的投资者入场也会拉高现价，同样会带动二者出现聚合。

根据股价向均线靠近的方式，均线的修复也分为主动修复和被动修复两种。其中，主动修复指的是当股价运行偏离均线太远时，会出现剧烈的波动，并且成交量也会在不同阶段出现放量的推涨或下压，使得股价主动且快速地向均线回归。

比如在上涨行情之中，若股价涨速过快，向上偏离均线过多时，就有可能出现快速下跌主动靠近均线的情况，图 2-9 为上涨行情中均线指标主动修复示意图。

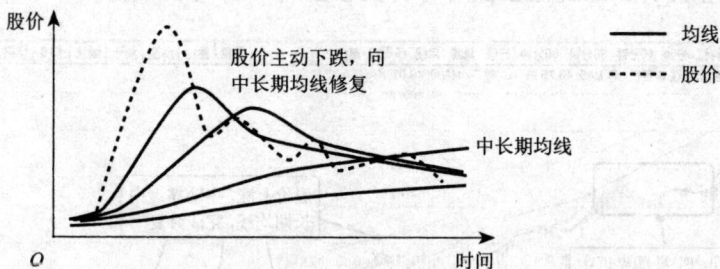

图 2-9　上涨行情中均线指标主动修复示意图

主动修复多发生于行情的顶底位置，有时也会形成于涨跌幅度过大的阶段顶底位置。当主动修复发生时，股价变动速度较快，投资者就需要根据具体情况迅速作出决策。

均线的被动修复指的是当股价偏离均线以后，并没有主动向均线靠近，而是在某一价位线附近出现横向盘整，被动地等待均线靠近，图 2-10 为上涨行情中均线指标被动修复示意图。

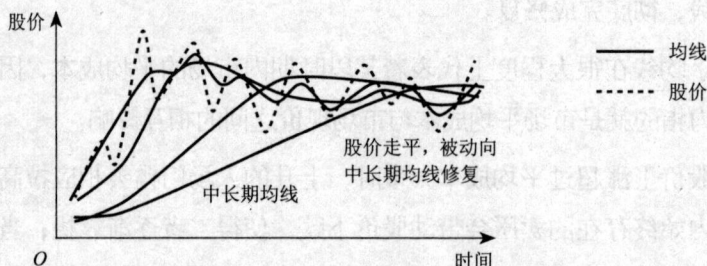

图 2-10　上涨行情中均线指标被动修复示意图

　　这样的修复形态一般发生在上涨或下跌的过程中，是市场的一种整理状态。当均线在被动修复的作用下靠近股价后，市场趋势仍将保持原有的上涨或下跌趋势，投资者可以借助修复，伺机操作。

　　下面来看一个具体的案例。

实例分析

新媒股份（300770）均线的修复分析

　　图 2-11 为新媒股份 2020 年 8 月至 2021 年 4 月的 K 线图。

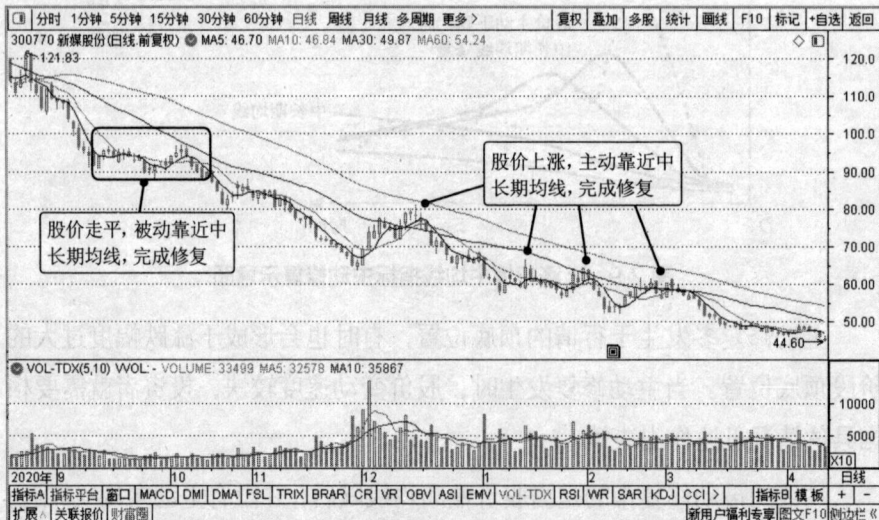

图 2-11　新媒股份 2020 年 8 月至 2021 年 4 月的 K 线图

从图 2-11 中可以看到，新媒股份正长期处于下跌行情之中。2020 年 8 月下旬，股价从横盘状态转变为下跌，均线组合也从黏合转为向下的空头发散，整体压制在 K 线之上。随着股价下跌速度的加快，K 线与均线之间的距离越来越大。

9 月初，股价跌至 90.00 元价位线附近后止跌横盘，数日后便接触到了依旧下行的短期均线，完成了初步的被动修复。此时，两条中长期均线还在持续下行，股价横向运行，不断被动靠近中长期均线。

直到 10 月中旬，K 线终于靠近了 30 日均线，但在还未接触到该均线时就被压制下行，回归下跌通道之中。虽然股价离 60 日均线还有一段距离，并未彻底完成修复，但这里的下跌无疑是均线压制力强、下跌趋势延续的表现，短线投资者不可轻易参与。

继续来看后面的走势。11 月底，该股跌至 70.00 元价位线下方不远处后止跌反弹，股价迅速向上主动靠近中长期均线，并在一段时间后突破 30 日均线，来到了靠近 60 日均线的位置，在此受压后转入下跌，完成了一次完整的主动修复，那么股价下跌的位置就是短线投资者的卖点。

从后续的走势可以看到，股价在此之后多次形成反弹，主动向上靠近中长期均线。虽然多数时候股价都没有彻底完成修复，也就是没有靠近 60 日均线，但每一次修复都能为短线投资者带来买卖信号，指导短线投资者进行波段操作，在下跌行情中获利。

2.3　MA 指标常用短线实战技法

MA 指标的特性固然简单好用，但短线投资者也不能拘泥于这一种技法。除了常规的黏合、交叉、发散、服从、扭转和修复之外，MA 指标还有更多可供投资者深入钻研、分析的应用方式，只要应用得当，也能为股票投资提供很大的助益。

2.3.1 葛兰威尔买入法则

葛兰威尔买入法则是整个葛兰威尔法则的一部分。葛兰威尔法则由均线的发明者葛兰威尔融合多种经典理论总结而出，法则共有八条，其中四条为买入法则，四条为卖出法则，都仅借助一条周期合适的均线与股价之间的位置关系和交叉形态进行研判，效果较好，应用广泛。

葛兰威尔的四条买入法则对应着四个买点，其中三个在上涨过程中，还有一个形成于下跌过程中，图 2-12 为葛兰威尔法则中的四个买点示意图。

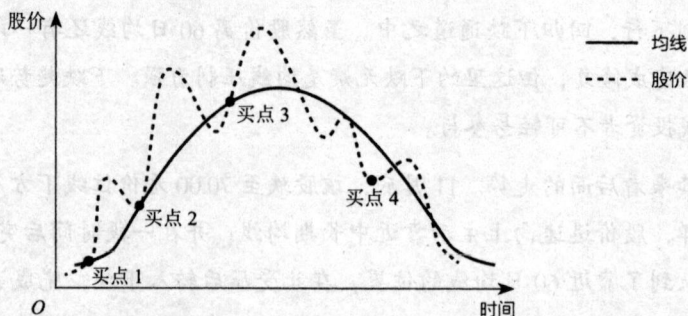

图 2-12 葛兰威尔法则中的四个买点示意图

四个买点的具体含义如下。

◆ **买点 1**：也称黄金交叉，指的是均线在经过一段下跌后逐渐转为走平，并有抬头向上的迹象。此时，股价也转而上升，并自下向上突破了均线，形成的一个黄金交叉。

◆ **买点 2**：也称回踩不破，指的是股价在连续上升后远离了均线，但随着时间的推移，均线也开始上升。某一时刻股价下跌到均线附近，但在二者产生接触后就回归上涨，接触的点就是买点。

◆ **买点 3**：也称小幅跌破，指的是股价经过一段上涨后形成回调，向下跌破均线，此时的均线仍然在向上运行，只是上扬角度稍缓。股价在跌破不久后又上穿均线回到均线上方，黄金交叉的位置就是买点。

◆ **买点 4**：也称乖离过大，指的是当股价跌破均线并逐渐远离时，有可能产生一轮强劲的反弹，致使股价再度向均线靠拢。股价止跌回升的低点，就是短线投资者抢反弹的买点。

显然，在买点 1、买点 2 和买点 3 的位置操作的风险是比较小的，至少投资者能够大致确定后市的上涨行情。而买点 4 就是在下跌行情中抢反弹了，涨幅不确定，但下跌趋势能确定，投资者在操盘时需要格外谨慎。

至于均线周期的选择，短线投资者可根据实际情况而定，但最好不要选周期太短的均线，比如 5 日均线、10 日均线等，因为这些均线与股价贴合度太高，发出非常频繁的买入信号，会使短线投资者难以操作。周期太长的均线也不行，比如 60 日均线，因为它的运行太过稳定，需要投资者持股较长时间，不太符合短线投资者的需求。

因此，短线投资者可以选择 20 日均线或 30 日均线，它们发出的信号强度合理，可靠性较高，同时也符合短线投资者的操盘需要。本节就以 20 日均线为例，向短线投资者展示葛兰威尔买入法则的应用。

下面来看一个具体的案例。

实例分析

蓝色光标（300058）葛兰威尔买入法则分析

图 2-13 为蓝色光标 2021 年 10 月至 2022 年 4 月的 K 线图。

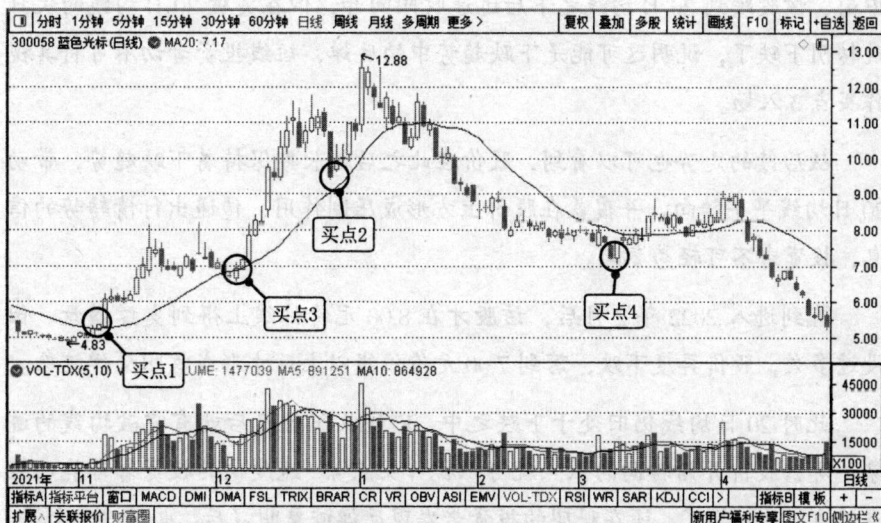

图 2-13　蓝色光标 2021 年 10 月至 2022 年 4 月的 K 线图

在蓝色光标这一段涨跌周期中，股价与 20 日均线的位置关系和交叉形态展露得十分明显。

从 20 日均线的状态可以看出，在 2021 年 10 月及以前，该股是处于下跌趋势中的，20 日均线和股价同步下行。直到价格创出 4.83 元的新低后，才转而向上攀升，成功突破 20 日均线后继续上扬，发出了强烈的买入信号，股价上穿均线的位置就是买点 1。

11 月中旬，该股上涨至 8.00 元价位线附近后受阻，回落到 7.00 元价位线附近横盘，随后再次上冲，但依旧突破失败，最终还是无奈回落到 7.00 元支撑线附近，并小幅跌破了仍旧上行的 20 日均线。

不过在一个交易日后，股价就大幅收阳上涨，再次上穿 20 日均线来到其上方，形成了又一个买点，黄金交叉的位置就是买点 3。

买点 3 形成后，股价的涨速大大加快，一直从 7.00 元价位线附近攀升至 11.00 元价位线以上，靠近 12.00 元的压力线后止涨回落。K 线收阴的低点在靠近 20 日均线之上不远处，但后续价格并未继续下跌，而是拐头延续上涨行情，这个回踩不破的位置就是一个买点 2。

数日后，股价在 12.88 元的位置见顶，很快便转入下跌之中。2022 年 1 月中旬，该股跌到 20 日均线之下后迅速收阳回升，但在突破 20 日均线的次日就转阴下跌了，说明这可能是下跌趋势中的反弹，短线投资者切不可将其视作买点 3 入场。

从后续的走势也可以看到，股价在此之后就长期保持着下跌趋势，带动 20 日均线早早转向，并覆盖在股价上方形成压制作用，传递出行情转势的信息，投资者不可轻易参与。

直到进入 2022 年 2 月后，该股才在 8.00 元价位线上得到支撑横盘。但没过多久，股价再度下跌，落到 7.00 元价位线以上后才形成收阳反弹迹象。

此时 20 日均线仍旧处于下跌之中，K 线收阳数日后就有突破均线的迹象，那么股价开始转向的低点就可以视作买点 4。速度快的投资者可能已经在买点 4 处入场了，还在观望的投资者发现反弹迹象明显后，也可以建仓了。但由于是在下跌行情中抢反弹，投资者操作一定要格外谨慎。

2.3.2　葛兰威尔卖出法则

葛兰威尔卖出法则对应着四个卖点，其中有三个在下跌过程中，一个在上涨途中，图 2-14 为葛兰威尔法则四个卖点的示意图。

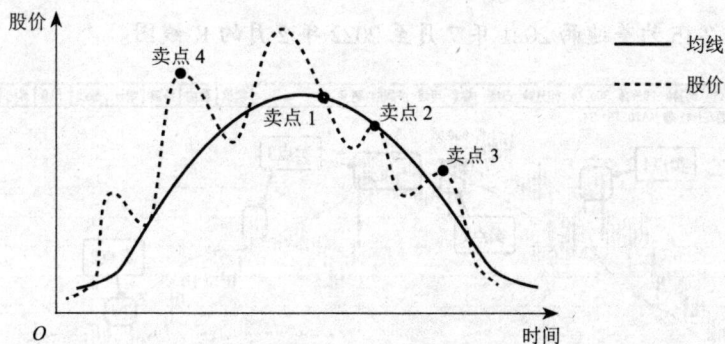

图 2-14　葛兰威尔法则四个卖点的示意图

四个卖点的具体含义如下。

◆ **卖点 1**：也称死亡交叉，指的是在行情见顶后，均线由上升转为平缓，并且有拐头向下的趋势，此时股价从高位向下跌破均线，二者就形成了一个死亡交叉。

◆ **卖点 2**：也称反弹不过，指的是股价跌落到均线之下一段距离后，开始向上反弹，但是还未突破均线就受到阻力回落，接触到均线却未能突破成功的位置就是卖点。

◆ **卖点 3**：也称小幅突破，指的是股价位于均线下方运行，反弹时突破了均线，但很快跌回均线下方，反弹的顶点就是卖点，此时的均线仍呈下降趋势。

◆ **卖点 4**：也称乖离过大，形成于上涨行情之中，指的是股价在连续上涨后，向上偏离均线太远，即乖离过大，后续很有可能会出现回落，形成的高点就是卖点。

这四个卖点中，有三个都是用于借高出货的，只有卖点 1 是预示下跌行情到来，提示投资者止损出局的。对于短线投资者来说，这四个卖点都相当重要，毕竟只有卖在合适的位置，才能将前期收益兑现。

下面来看一个具体的案例。

实例分析

美迪西（688202）葛兰威尔卖出法则解析

图 2-15 为美迪西 2021 年 7 月至 2022 年 2 月的 K 线图。

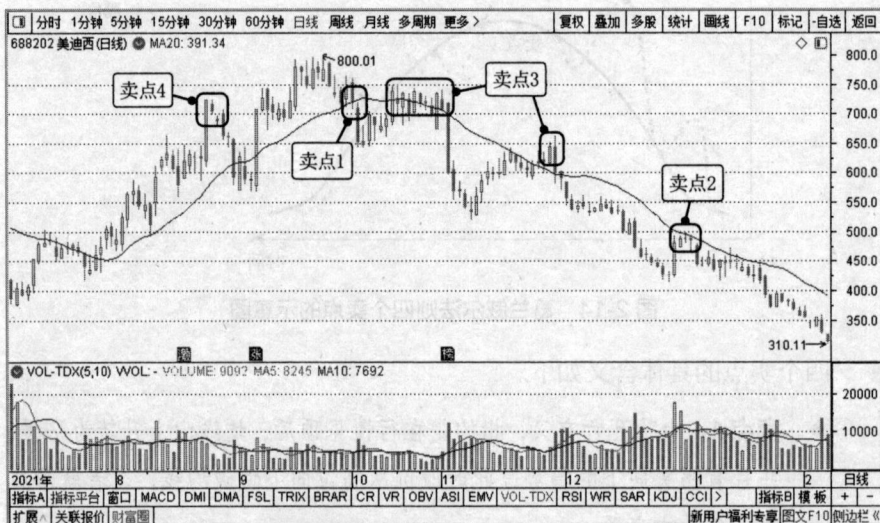

图 2-15　美迪西 2021 年 7 月至 2022 年 2 月的 K 线图

从图 2-15 中可以看到，美迪西在 2021 年 7 月到 2022 年 2 月经历了一次涨跌轮换，葛兰威尔卖出法则起到了关键的研判作用。

在 2021 年 8 月之前，股价转势进入上涨行情之中，在突破了 20 日均线后一路上扬，于 8 月底来到了 700.00 元价位线以上，随后滞涨回落，相较于突破 20 日均线时的 450.00 元左右，此处的涨幅约为 56%。再加上此时的股价已经大幅向上偏离了 20 日均线，K 线也有收阴下跌的趋势，卖点 4 的形成已成定局，短线投资者要尽快兑利卖出。

很快，该股转入回调之中，跌至 600.00 元价位线以下才止跌，并在数日后回归上涨。9 月下旬，该股在 800.00 元价位线附近受阻，创出 800.01 元的新高后拐头下跌，数日后就收阴跌破了 20 日均线，形成一个卖点 1，警示投资者行情可能转势，需及时出局止损。

20 日均线被跌破后不久就出现了转向迹象，随着股价的反弹，20 日均线开始转为走平。股价在反弹至均线附近时受阻严重，在此止涨半个多月后突破无能，只能拐头向下。由于股价终归还是突破了均线，这一反弹高点形成的就是卖点 3。

从后续的走势可以看到，该股在大幅下跌至 550.00 元价位线附近后再次止跌反弹，并且反弹的涨速还比较快，说明此次反弹的高点可能比较可观，投资者若想参与，可以伺机建仓。

11 月中旬，该股上涨至 20 日均线附近后再次受阻，又一次形成了横盘，走势与前期十分类似，说明市场中的上推动能依旧不够充足，股价可能随时会转入下跌之中，投资者要保持高度警惕。

果然，11 月底，该股在一次突兀上冲，小幅突破 20 日均线后就耗尽了上涨动能，迅速转入下跌之中。早有准备的投资者此时就要迅速借高出货，这一高点也可以视作卖点 3。

在此之后，该股就进入了持续时间较长的下跌之中，直到 12 月底才有止跌反弹的迹象。但很可惜，此时 20 日均线的压制力更强了，股价反弹没能突破到其上方，K 线接触均线后拐头向下的位置形成了卖点 2，抢反弹的投资者在结束一波操作后，就要暂缓一段时间，等待下次时机的到来。

2.3.3 金银山谷

金银山谷是均线组合之间互相交叉形成的一种特殊形态，主要分为银山谷和金山谷两大部分，图 2-16 为金银山谷形态示意图。

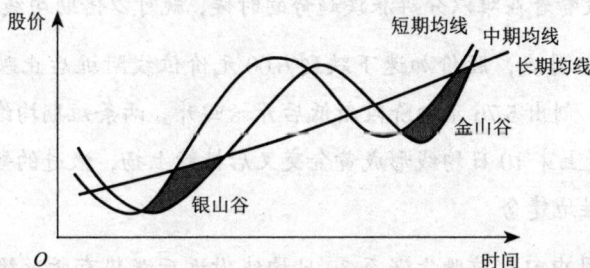

图 2-16 金银山谷形态示意图

从图 2-16 中可以看到，银山谷位于较低的位置，也是最先出现的一个山谷。它是由短期均线由下往上穿过中期均线和长期均线，中期均线再由下往上穿过长期均线，形成的一个尖头朝上的不规则三角形，形成的原因自然是股价由整理或下跌转为上涨。

银山谷一般形成于上涨行情的初期，也是用于确定上涨趋势的关键形态。在银山谷形成之后，股价大概率会经历横盘或回调的整理，若后续股价再度上涨，带动均线组合形成又一个形似银山谷的形态，那么上涨行情的延续将得到强力佐证，这里的山谷就被称为金山谷。

银山谷和金山谷的技术形态基本一致，并且都是由三条均线构成的，短线投资者可使用 5 日均线、10 日均线和 30 日均线的组合，60 日均线则作为行情转势后的支撑线使用。

金银山谷的买入位置很明确，一是在银山谷处；二是在金山谷处，前者属于激进型买点，后者属于稳健型买点。当然，考虑到短线投资者的持仓特点，投资者也可以分段操作，即在银山谷处买进后，于股价回调前夕卖出兑利，待到金山谷形成后重新买进，等待下一次回调时再卖出。

下面来看一个具体的案例。

实例分析

曲江文旅（600706）金银山谷形态解析

图 2-17 为曲江文旅 2021 年 7 月至 2022 年 1 月的 K 线图。

在 2021 年 7 月至 2022 年 1 月的这段时间内，曲江文旅的股价震荡走势居多，短线投资者在难以分辨涨跌趋势的时候，就可以借助均线组合来判断。

2021 年 7 月底，股价加速下跌到 6.00 元价位线附近后止跌横盘，数日后再次下探，创出 5.76 元的阶段新低后开始回升。两条短期均线率先跟随上涨，5 日均线上穿 10 日均线形成黄金交叉后持续上扬，激进的短线投资者可在此处试探性地建仓。

到了 8 月中旬，该股上涨至 30 日均线附近后涨势有所延缓，在 6.50 元价位线附近横盘数日后再度上冲，成功突破到了 30 日均线之上。5 日均线和

10 日均线紧随其后上穿 30 日均线，形成了银山谷形态，进一步确认了上涨
走势，此时还在观望的投资者也可以建仓了。

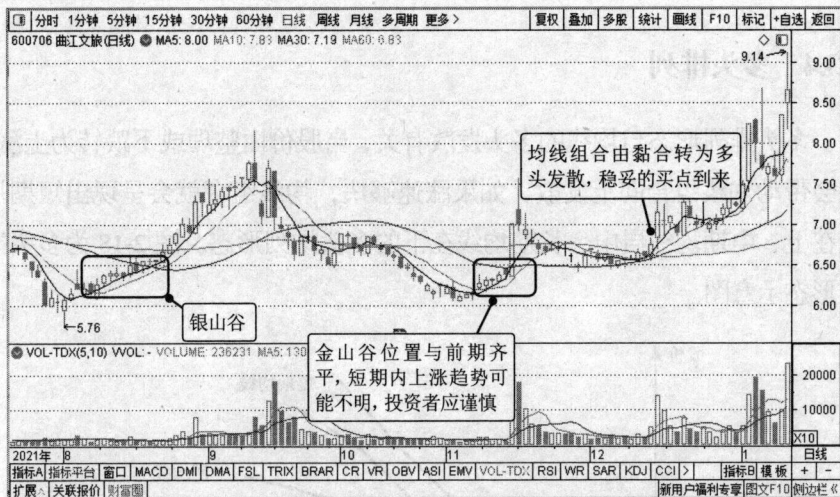

图 2-17　曲江文旅 2021 年 7 月至 2022 年 1 月的 K 线图

继续来看后面的走势。该股这一波上涨一直延续到了 9 月中旬，在
8.00 元价位线附近阶段见顶后拐头下跌，形成回调整理，高点为兑利的卖点。

下跌走势持续了两个月左右，股价终于在 6.00 元价位线附近得到支撑，
并有回升的迹象。仔细观察可以发现股价低点并未跌破前期，说明后市还是
有一定上涨可能的，短线投资者可保持关注。

数日后，K 线收阳上涨至 6.50 元价位线附近，5 日均线早已上穿 10 日
均线形成金叉。但无论是股价还是短期均线，此时都受到了 30 日均线的压制，
上涨速度有所减缓。就在 K 线收阴横盘的次日，该股突然收出了一根涨停大
阳线，成功突破了 30 日均线，也带动短期均线上穿 30 日均线，形成了金山
谷形态，传递出了强烈的买入信号。

不过，仔细观察金银山谷的位置可以发现，此处的金山谷几乎与前期的
银山谷高度齐平，这意味着该股可能还未蓄积到足够的上涨动能，短时间内
上涨趋势不明，投资者可以不着急入场。

果然，该股在涨停后的次日就出现了冲高回落的走势，后续很快又回到
了盘整之中。12 月中旬，股价在 6.50 元价位线附近横盘一段时间后开始大

幅收阳上涨，带动均线组合由黏合转为多头发散，预示着积极的上涨即将到来，观望的投资者此时可以抓住时机买进。

2.3.4 多头排列

多头排列形态与均线的多头发散有关，当股价由整理或下跌转为上涨，就会带动均线组合向上发散，如果涨速够快，均线组合就会呈现出短期均线在上、中期均线居中、长期均线在下的多头排列形态。图 2-18 为多头排列形态示意图。

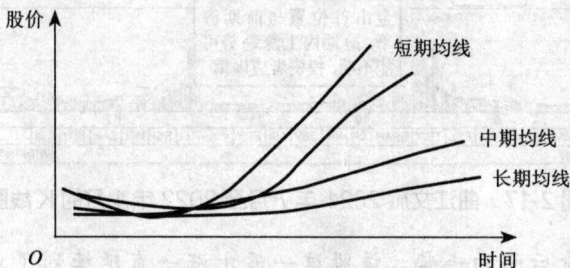

图 2-18 多头排列形态示意图

至于为什么短期均线在上，中长期均线在下，主要是因为短期均线与股价的贴合度最高，被扭转的速度最快，自然会位居上方，中长期均线的排列顺序也是基于这一原理。

注意，虽然多头排列一定是均线多头发散的结果，但多头发散出现后却不一定都能形成多头排列。只有当股价涨势足够迅猛，才能在短时间内使得四条均线都分离开来，并且在后续一段时间内不会产生交叉。一旦均线之间产生交叉，形态就会被破坏，买入信号也就大打折扣。

拓展知识 *多头排列被破坏后也能继续看多的情况*

前面提到，多头排列的形态被破坏后，买入信号可能就不复存在了。但有一种情况不同，那就是只是短期均线之间产生了极为短暂的交叉，这说明股价可能出现了一次幅度很小的回调或横盘。只要股价后续很快回归上涨，多头排列就可以延续下去，看多信号就不会受到太大影响。

下面来看一个具体的案例。

实例分析

中瓷电子（003031）多头排列形态解析

图 2-19 为中瓷电子 2022 年 6 月至 9 月的 K 线图。

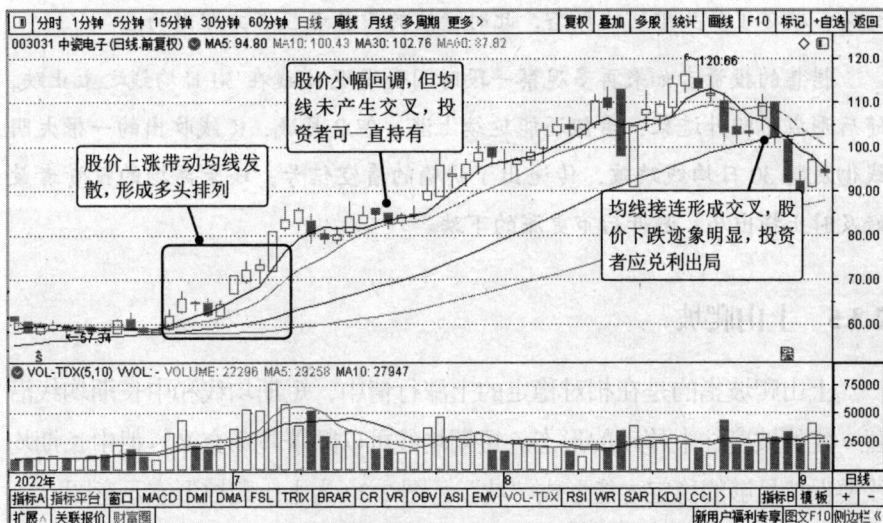

图 2-19　中瓷电子 2022 年 6 月至 9 月的 K 线图

在中瓷电子的上涨行情中，均线组合与股价之间形成了良好的配合，这种行情是投资者理想的获利行情。

从图 2-19 中可以看到，2022 年 6 月，该股大部分时间都在 60.00 元价位线附近横盘整理，均线组合长期黏合在一起。直到 6 月下旬，股价开始大幅收阳上涨后，才带动均线组合向上发散，并直接形成了 5 日均线、10 日均线、30 日均线和 60 日均线自上而下多头排列的组合形态。这就说明短期内股价涨势喜人，短线投资者可抓住时机迅速买入进场。

随着股价涨速越来越快，均线组合发散的角度也越来越大，多头排列形态稳固，投资者可适当加仓。7 月初，该股在 90.00 元价位线下方受阻后小幅回调，但持续时间不长，跌幅也不大，没有导致均线之间产生交叉，因此投资者可以不必在意，继续持有。当然如果部分短线投资者觉得持仓时间太长，恐有风险，也可以先行卖出，后续择机重新买进。

从后续的走势可以看到，该股长期保持着稳定的上涨，均线多头排列形态始终如一，市场看涨情绪高涨，是短线投资者追涨的机会。

不过，在 8 月中旬时，该股创出 120.66 元的新高后冲高回落，随后收阴下跌。短短数日内就接连跌破 5 日均线和 10 日均线，导致二者之间形成交叉，破坏了多头排列的形态，此时谨慎的投资者应当立即出局。

惜售的投资者如果再多观察一段时间会发现 K 线在 30 日均线之上止跌，随后形成了回升迹象，看似还能延续上涨，但 8 月底，K 线收出的一根大阴线彻底将 30 日均线跌破，传递出了明确的看空信号，还未离场的投资者最好及时止损出局，避开后市更深的下跌。

2.3.5 上山爬坡

上山爬坡指的是在相对稳定的上涨行情中，短期均线和中长期均线沿着一定的坡度往上移动的形态。短期均线可以频繁震荡交叉，但中长期均线要保持足够的稳定才能形成"坡"，图 2-20 为上山爬坡形态示意图。

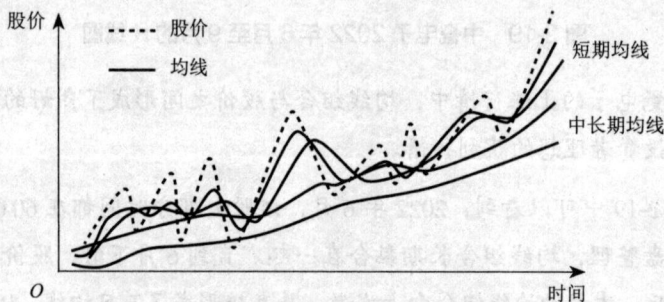

图 2-20 上山爬坡形态示意图

上山爬坡形态不需要股价形成多么规律的波浪，只要中长期均线能够保持稳定上扬，承托在 K 线和短期均线之下，就可以确定为形态成立。在此期间，短线投资者既可以随着震荡的波浪分段操作，也可以在持有一段时间后统一出手，具体可根据实际情况来判断。

下面来看一个具体的案例。

实例分析

吉宏股份（002803）上山爬坡形态解析

图 2-21 为吉宏股份 2022 年 10 月至 2023 年 4 月的 K 线图。

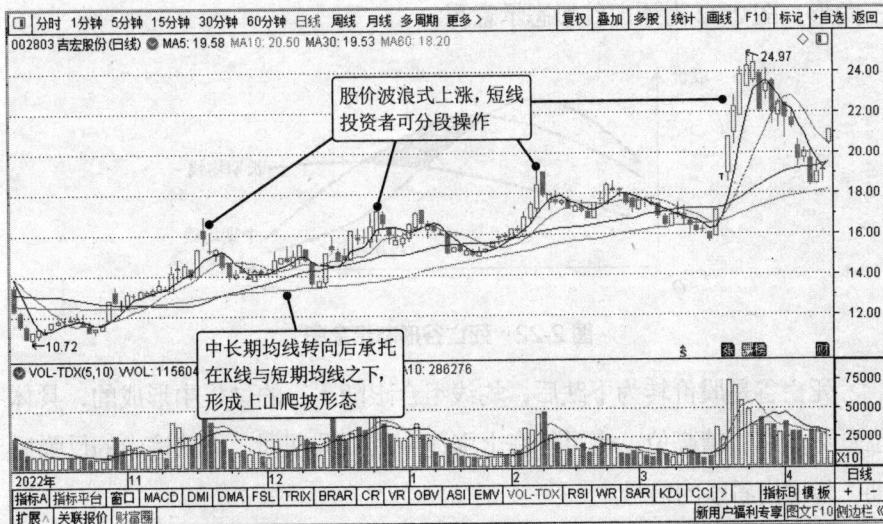

图 2-21　吉宏股份 2022 年 10 月至 2023 年 4 月的 K 线图

从图 2-21 中可以看到，吉宏股份正处于上涨行情之中。尽管在 2022 年 11 月前，股价还在快速收阴下跌，但在创出 10.72 元的阶段新低后，K 线就转为收阳上涨了。

在上涨初期，短期均线率先转向，逐步将中长期均线扭转向上。进入 11 月后不久，30 日均线和 60 日均线便完成了扭转，并承托在股价下方。

11 月中旬，该股在 16.00 元价位线附近受阻后回调，落在 30 日均线上方得到支撑后继续回升。在后续的较长一段时间内，该股都重复着上涨至压力线附近回调，跌至中长期均线附近后止跌上涨的走势，上山爬坡的形态愈发明显。

尽管有些时候股价有小幅跌破中长期均线的情况，但从整体来看，中长期均线上行的趋势和角度还是非常稳定的，只要上山爬坡的形态不被破坏，短线投资者就可以借助股价的波浪形上涨进行分段操作。

2.3.6 死亡谷

死亡谷的技术形态与金银山谷相对应，指的是短期均线先后下穿中期均线和长期均线，并扭转中长期均线向下，形成的一个尖角向下的不规则三角形，图 2-22 为死亡谷形态示意图。

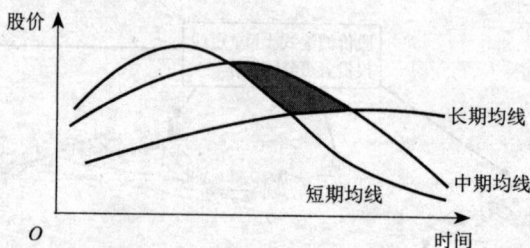

图 2-22 死亡谷形态示意图

死亡谷是股价转为下跌后，均线组合跟随下行的过程中形成的，具体位置可能在行情高位，也可能在上涨途中的回调期间、下跌途中的反弹后期，传递出看跌的信号。

注意，死亡谷不像金银山谷，它只有一个。也就是说，短线投资者需要在发现死亡谷形成后，或者在其形成过程中迅速卖出兑利，将前期收益落袋为安，不要等待后市可能的反弹或是上涨，毕竟短线投资者需要谨记的原则之一就是快进快出。

下面来看一个具体的案例。

实例分析

丝路视觉（300556）死亡谷形态解析

图 2-23 为丝路视觉 2021 年 12 月至 2022 年 3 月的 K 线图。

在丝路视觉的这段行情中，股价由上而下转势的情形十分清晰。在 2021 年 1 月初之前，股价大部分时间都处于上涨之中，只是在 34.00 元价位线附近受阻后有所回调，但 30 日均线提供了强有力的支撑，股价横盘数日后很快继续收阳上冲，于 2022 年 1 月上旬创出了 40.90 元的新高。

在价格创出新高后，该股未能继续上涨，而是在 38.00 元价位线附近横盘了数日，期间也有过冲高，但都未能超越前期。再加上这段时间内成交量量能明显缩减，意味着市场交投开始冷淡，助涨动能不足的情况下，股价很可能会在短时间内转入下跌，短线投资者要特别谨慎。

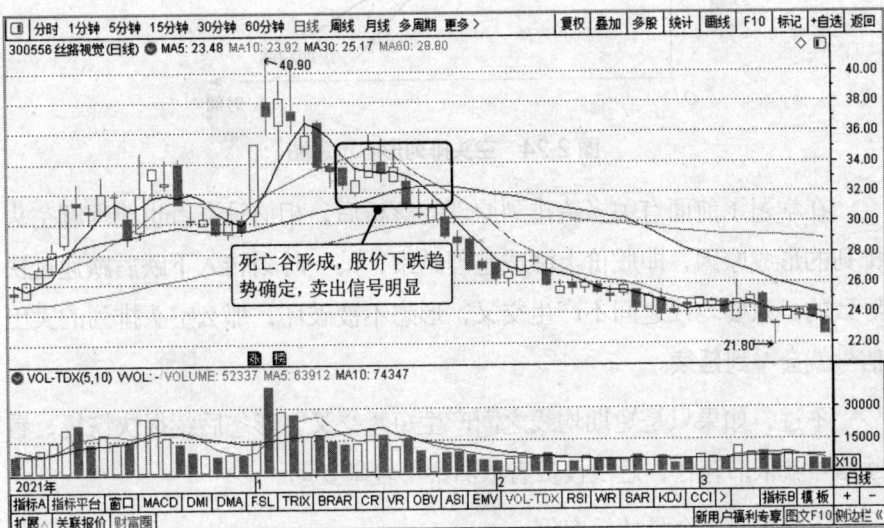

图 2-23 丝路视觉 2021 年 12 月至 2022 年 3 月的 K 线图

继续来看后面的走势。数日后，该股果然开始向下移动，带动 5 日均线下穿 10 日均线后继续下行，靠近 30 日均线。这是一个明确的警示信号，机警的投资者最好立即出局观望。

2022 年 1 月下旬，两条短期均线先后向下跌破了 30 日均线，形成了死亡谷形态。此时，股价已经跌到了 30.00 元价位线附近，也就是前期股价在 30 日均线附近止跌后继续上冲的支撑线附近。相信这个位置是很多短线投资者的买进成本价位，如果不抓紧在死亡谷彻底形成后出局，投资者可能会面临一定的损失。

2.3.7 空头排列

空头排列是多头排列技术形态的翻转，指的是长期均线在上、中期均线居中、短期均线在下的均线组合形态，图 2-24 为空头排列形态示意图。

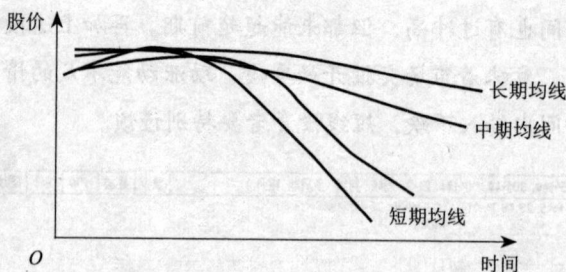

图 2-24 空头排列形态示意图

在学习了前面有关多头排列原理的解析后，相信投资者也能理解空头排列的形成原因，即股价上涨或整理结束，某一时刻转入下跌后跌速过快导致的。只要均线之间不产生交叉，形态不被破坏，那么空头排列的卖出信号就会得到延续。

不过，如果只是短期均线之间产生短暂交叉，形态后续很快恢复，看跌信号就依旧存在，短线投资者依旧不可轻举妄动。

下面来看一个具体的案例。

实例分析

慈文传媒（002343）空头排列形态解析

图 2-25 为慈文传媒 2021 年 6 月至 8 月的 K 线图。

从图 2-25 中可以看到，慈文传媒整体处于下跌之中。从 2021 年 6 月中旬开始，股价就从 5.60 元价位线以上的横盘状态中脱离出来，开始大幅、快速地收阴下跌。

在股价快速下跌的带动下，均线组合很快由黏合转为向下发散。原本就覆盖在 K 线之上的 30 日均线和 60 日均线加大了下行角度，5 日均线和 10 日均线则互相分离开来，整个均线组合呈现出了 60 日均线、30 日均线、10 日均线、5 日均线自上而下排列的形态，符合空头排列的要求，传递出了明确的看跌信号。

此时，在横盘期间误入场内的投资者就要迅速止损出局，而尚在场外观望的投资者，此时也不宜介入。

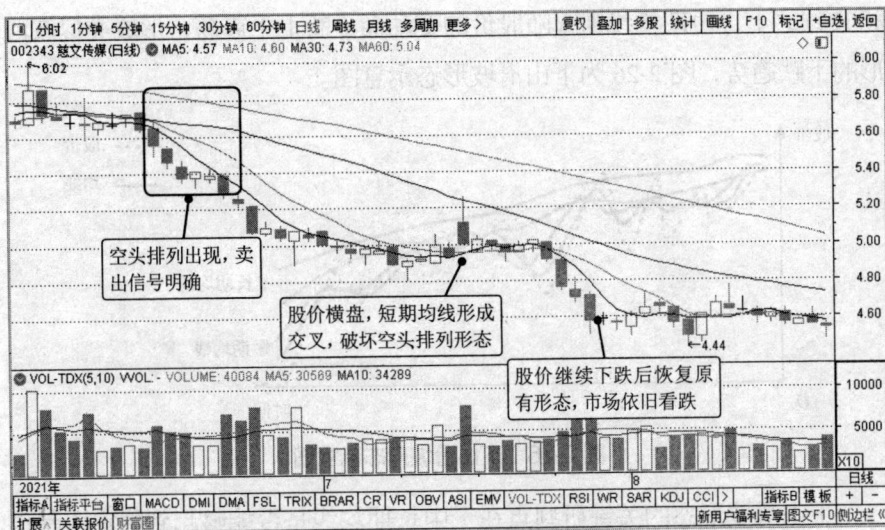

图 2-25　慈文传媒 2021 年 6 月至 8 月的 K 线图

继续来看后面的走势。在空头排列出现后，股价持续下跌，直到运行至 5.00 元价位线附近才减缓了下跌趋势，并有走平横盘的迹象。受其影响，两条短期均线也跟随走平，不过短时间内没有出现交叉形态，短线投资者依旧不可轻易买进。

进入 7 月后，该股下探 4.80 元价位线得到支撑，随后形成小幅反弹，终于使得 5 日均线上穿 10 日均线，形成了一个交叉，破坏了空头排列的形态。但由于股价上涨的幅度实在太小，持续时间也不长，数日后就在 30 日均线处受压回落，速度慢的投资者甚至还没来得及买进，股价就又转为下跌了。

从后续的走势也可以看到，该股在反弹突破中长期均线失败后又落回 5.00 元价位线附近。7 月下旬，K 线继续大幅收阴下跌，开启了又一波弱势走势，5 日均线很快回到 10 日均线下方，延续了空头排列的形态，说明市场当前依旧是以看跌为主，短线投资者该离场的离场，该观望的还是观望。

2.3.8　下山滑坡

下山滑坡指的是在股价下跌过程中，中长期均线稳定压制在短期均线和 K 线之上，短期均线则跟随股价的变动而不断上下震荡，形成类似波浪形的下跌趋势，图 2-26 为下山滑坡形态示意图。

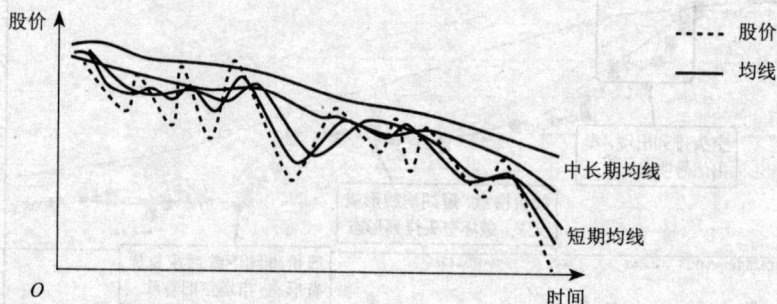

图 2-26　下山滑坡形态示意图

下山滑坡形态的关键研判点在于中长期均线是否能够起到稳定压制作用。在形态构筑的过程中，股价应当大部分时间都位于中长期均线之下，就算偶有突破，也不能在其上方停留太久。

当然，如果股价有彻底突破中长期均线，并将其扭转向上的迹象，就说明趋势可能正在向上转向，市场有回暖的可能。

对于短线投资者来说，下山滑坡期间虽有获利机会，但在反弹幅度较小的情况下，风险与收益不太匹配，经验不足的投资者最好不要参与。而一旦股价向上扭转中长期均线，就是一个比较明确的抄底介入点。

拓展知识　*逐浪上升和逐浪下降*

无论是上山爬坡还是下山滑坡，其技术形态中对股价的震荡走势其实都没有太多约束。但有两种形态不同，那就是逐浪上升和逐浪下降，它们的基础形态与上山爬坡、下山滑坡并无两样，只是对股价的浪形有着更为严格的要求。

在逐浪上升过程中，中长期均线依旧承托在 K 线和短期均线下方，但股价要呈规律性的波浪形上升，短期均线在其带动下不断形成交叉，整体形似浪打岸边，一波一波逐浪向上。比起上山爬坡，它的买入信号更为强烈和稳定。

在逐浪下降过程中，中长期均线会覆盖在 K 线和短期均线之上，股价则呈波浪形向下移动，低点一个比一个低，仿佛退潮的浪涛。而该形态传递出的卖出信号比起下山滑坡来说也更为可靠。

下面来看一个具体的案例。

实例分析

中科信息（300678）下山滑坡形态解析

图 2-27 为中科信息 2020 年 10 月至 2021 年 2 月的 K 线图。

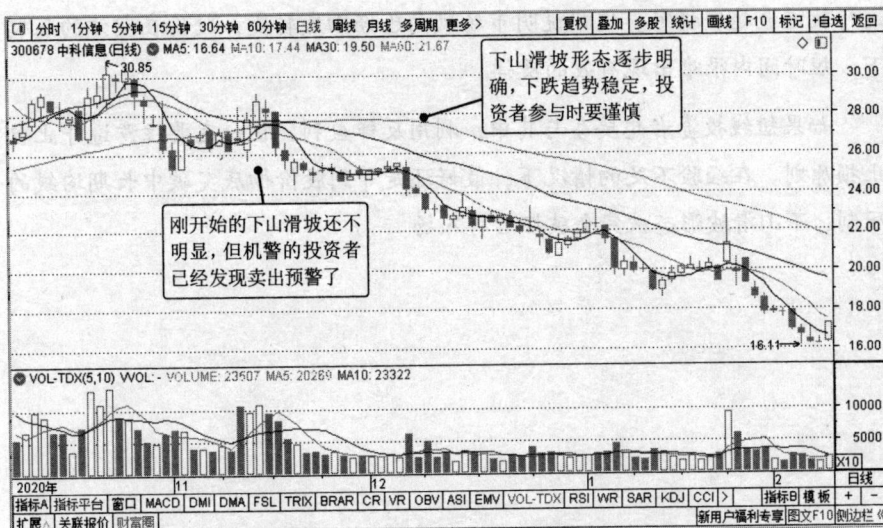

图 2-27　中科信息 2020 年 10 月至 2021 年 2 月的 K 线图

从图 2-26 中可以看到，在 2020 年 10 月中上旬，中科信息还处于上涨趋势之中，30 日均线和 60 日均线都保持着上扬状态。

直到 10 月下旬，该股在 30.85 元的位置见顶后就很快转入下跌之中，K 线接连跌破了四条均线，落到 26.00 元价位线之下后止跌，并形成回升走势。

此时，30 日均线已经被扭转向下了，60 日均线也在连续的大幅下跌影响下逐渐走平。尽管股价有继续上涨的趋势，但无论是从成交量的缩减，还是从中长期均线的压制力度来看，股价上涨突破前期高点的可能性较低，机警的投资者早已止损出局，惜售的投资者还在观望。

从后续的走势可以看到，该股在向上小幅突破 30 日均线和 60 日均线后，再度收阴下跌，高点距离前期顶部较远，是突破无能的表现，短线投资者此时就要迅速借高出货，避开后市下跌。

在此之后，该股便进入了长时间的下跌之中，60 日均线也完成了向下的转向。期间股价多次形成横盘整理和小幅反弹，但基本都在 30 日均线处就受压，回归下跌趋势之中。

随着时间的推移，下山滑坡的形态越发明显，30 日均线和 60 日均线的运行轨迹也越发稳定。这就说明市场风向已经彻底转变，股价在空方的压制下，短时间内很难出现有效的反弹。

如果短线投资者想要参与其中，利用反弹盈利，就一定要注意遵守止盈止损原则。在经验不足的情况下，最好还是等到股价彻底突破中长期均线的压制，下山滑坡形态被完全破坏后再入场。

第3章

VOL：解析短线涨跌成因

　　VOL指标一般显示在K线图下方，是大多数炒股软件的默认副图指标，由此可见，成交量在股市研判中的重要性。它不仅能够从市场供需关系的角度来解释股价涨跌的成因，也能反映出未来价格可能的变动趋势。

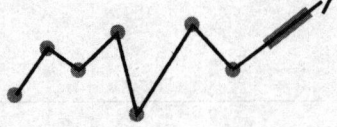

3.1 VOL 指标原理与意义

VOL 指标就是人们常见且常用的成交量指标，股市中的成交量一般指的是某段时间内的成交股数。成交量的变化反映了当日资金进出市场的情况，是判断市场走势的重要指标之一。不过投资者首先需要了解的还是成交量的运行原理和深层次的含义。

3.1.1 VOL 指标如何影响股价涨跌

成交量对股价涨跌的影响可以从两个角度来解析，一是市场供求关系，二是买卖双方对股价发展的认同程度。

（1）成交量反映市场供求关系

成交量是市场中供求关系的一种表现形式，正所谓有价就有市，有市就有买卖双方的交易。成交量最终是买卖双方平衡的结果，每一笔成交满足的是买方的需求和卖方的供给。

当投资者普遍看好某只股票，或者某只股票有利好消息出现时，自然会有大量资金进入，同时，许多持有该股票的人也抱有股价待涨的心态，不愿意轻易将手中筹码放出。在这种情况下，需求方力量强于供给方，买盘大于卖盘，自然会导致竞争性抬价的现象出现。价格越高，愿意交易的人越多，那么股价就会被放大的成交量推动上涨。

同理，如果投资者普遍看跌某只股票，或者某只股票有利空消息出现时，持股的人会大量抛售，场外的投资者也不会轻易买入，供给方力量强于需求方，卖盘大于买盘，竞争性压价的现象随之出现。价格越低，愿意交易的人就越少，导致股价下跌的同时，成交量也出现回缩。

（2）成交量反映买卖双方对股价发展的认同程度

股市中买卖双方对于股价发展的认同程度，也能通过成交量来表现。

　　成交量的波动会直接影响股价的波动，而股价的上涨或下跌又会吸引投资者继续进行交易，进而放大或缩小成交量，这种互相影响的关系就是投资者常说的量价配合关系。

　　成交量越大，意味着买卖双方产生的分歧越大。比如在上涨行情中，卖方希望卖出筹码，获利离场，买方则希望追涨买进，赚取收益。二者产生的意向分歧直接导致了成交量的放大，同时股价也会在卖方的提价和买方的竞价推动下不断上涨。

　　而成交量越小，意味着买卖双方产生的分歧越小，双方都认同股价的现状。比如在下跌行情中，卖方渴望尽快卖出筹码，止损离场，但买方也不愿意在此时买进入场，双方一致的意向也导致了成交量的回缩，股价在卖方竞争性压价的影响下不断下跌。

　　成交量对股价涨跌的影响，如图 3-1 所示。

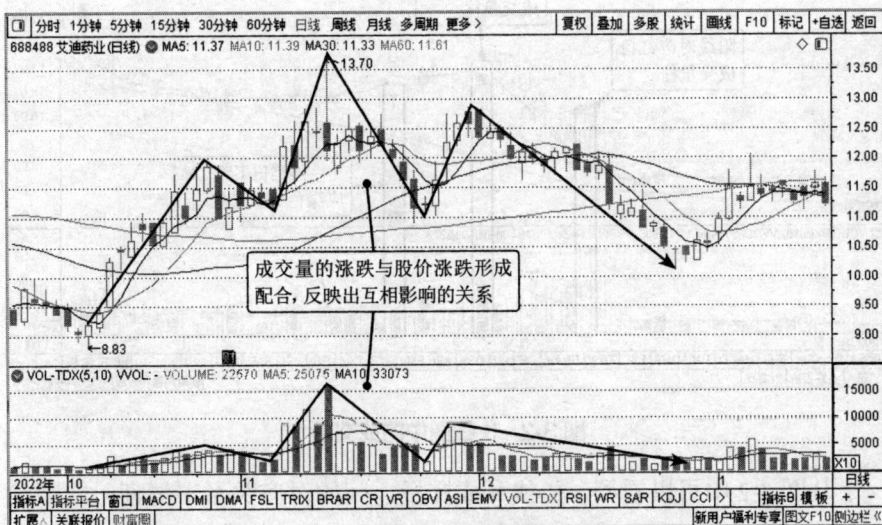

图 3-1　成交量对股价涨跌的影响

　　当然，成交量与价格之间并非只有量增价涨和量减价跌两种配合形态，只是这两种表现形式更能体现出买卖盘对于股价发展的认同和分歧，以及市场供需关系的变动情况。

一般情况下，市场的成交量与股价之间的关系具有相对稳定性，即两者的增长与衰减保持同步，保持量价配合的状态，推动市场按照既定的趋势继续前行。但是当任何一方变化的速度过快或出现背离形态时，都有可能导致市场运行方向的逆转。这部分内容将在 3.2 节中详细解析。

3.1.2 K 线图与分时图中的成交量

在 K 线图和分时图中都有成交量存在，但它们的计算方式和表现形式有所差别，投资者需要分辨清楚。

图 3-2 为 K 线图中的成交量。

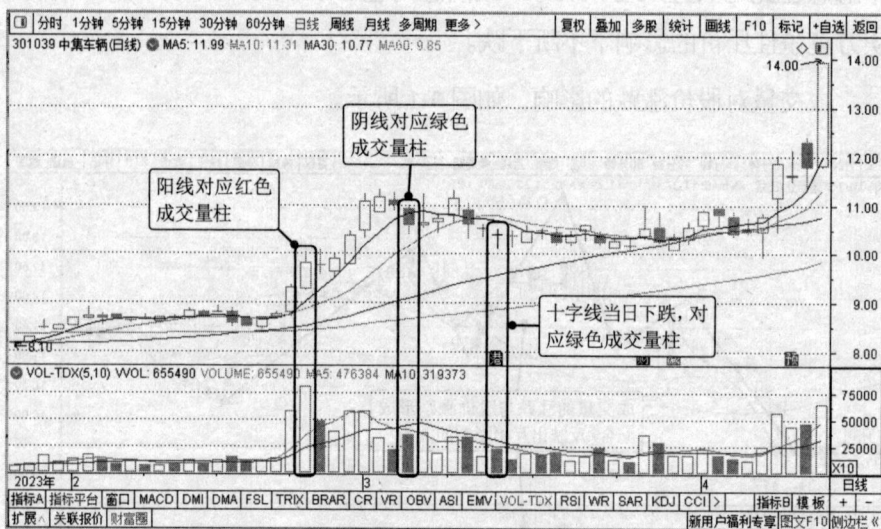

图 3-2 K 线图中的成交量

从图 3-2 中可以看到，K 线和成交量之间的对应关系很清晰，即阳线对应红色成交量柱，阴线对应绿色成交量柱。

如果是开盘价与收盘价一致的十字线、T 字线、倒 T 字线或一字线，就要根据当日收盘价相较于前日收盘价的涨跌情况来区分。当日上涨的成交量柱为红色；当日下跌的成交量柱为绿色；当日不涨不跌的一律显示为红色成交量柱。

根据 K 线周期的不同，每根成交量柱代表的含义也会不一样。一般来说，投资者使用的都是日 K 线，即一根 K 线代表的是一个交易日的价格变化，那么一根成交量柱包含的就是一个交易日中的成交数量。

如果投资者切换了 K 线周期，将其调整为 60 分钟或周线，那么成交量也会同步切换周期，每一根成交量柱所包含的成交数量就会相应改变。

下面再来看分时图中的成交量，如图 3-3 所示。

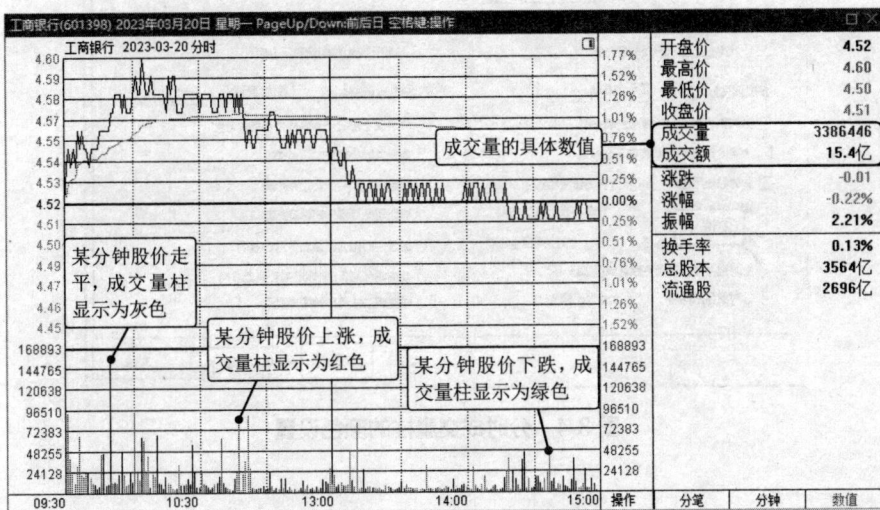

图 3-3　分时图中的成交量

从图 3-3 中可以看到，成交量柱也可以随着股价的涨跌变化而形成不同的颜色。在右侧的"数值"窗口中，会显示具体的成交量和成交额数据，如果当日还没收盘，这两项就是自开盘以来截至当时的总和数据；如果当日已经收盘了，那么这两项就是一整个交易日的总和数据。

需要注意的是，分时图中的成交量柱颜色一般默认为全灰，但这不方便投资者通过成交量观察价格的变动趋势。因此，这里向投资者展示如何设置分时图中的成交量柱颜色。

首先，投资者需要退出分时图界面，然后按【Ctrl+D】组合键，打开系统设置面板，单击上方的"设置 4"选项卡，选中左下角的"分时图中成交量用涨跌红绿色显示"复选框，最后单击"关闭"按钮，即可设置成功，具体操作步骤如图 3-4 所示。

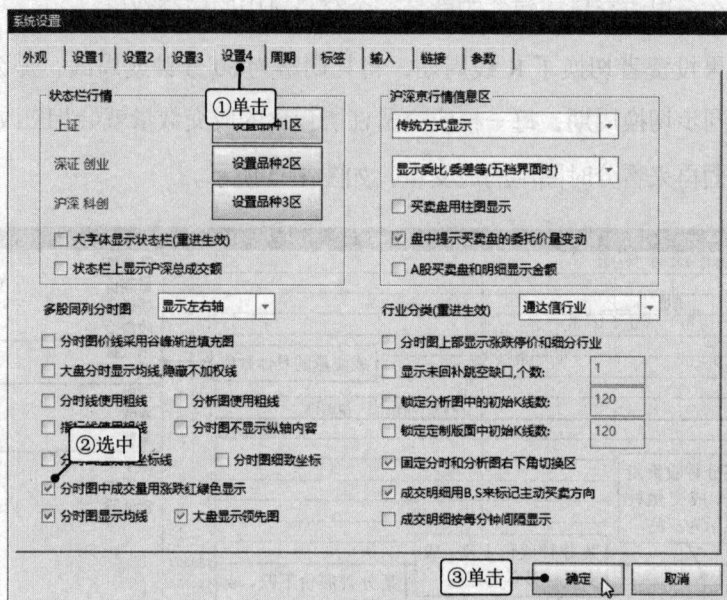

图 3-4 分时成交量柱的颜色设置

3.2 量价理论辅助短线操盘

量价理论指的是九种经典的量价配合和背离关系，包括量增价涨、量减价跌、量平价平三种配合关系，以及量增价跌、量增价平、量减价涨、量减价平、量平价涨和量平价跌六种背离关系。

每种量价关系形成于不同的位置时，传递出的信号性质和强度都有所不同，短线投资者需要特别关注并学习。

3.2.1 量增价涨

量增价涨指的是在股价上涨的过程中，成交量配合形成放量，推动价格向上攀升，图 3-5 为量增价涨示意图。

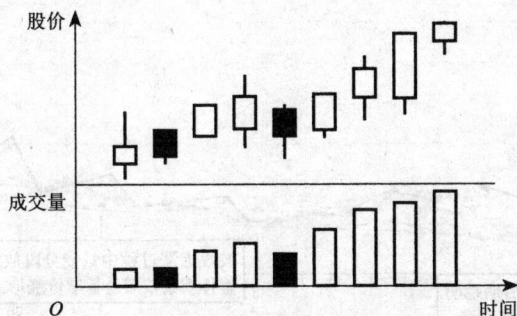

图 3-5　量增价涨示意图

　　量增价涨是上涨趋势的主要推动形态，多数情况下，股价的积极上涨都伴随着成交量的放大，毕竟追涨和兑利的人会随着价格的升高而不断增多，若能形成良性循环，量增价涨的形态可以延续很长一段时间。

　　无论量增价涨形成于行情的何种位置，短时间内的买入信号都是可以确定的，只是在下跌反弹期间或行情、阶段见顶前夕出现的量增价涨，不论是信号强度，还是可靠度都不如上涨途中的强烈。不过，只要短线投资者操作得好，决策足够果断，在任何位置都有机会赚取收益。

拓展知识　*量增价涨并非必须逐日放大和上涨*

　　理想的量增价涨是股价的高点每天都在上移，成交量在每个交易日中也都能呈现出放量。这种理想情况存在，但持续时间较长的就不多见了，毕竟股价在上涨过程中产生一点儿震荡再正常不过，成交量也可能随之上下波动。因此，只要成交量和股价在某段时间内呈现出整体的放大或上涨就可以了，投资者不必追求绝对的完美，否则将会错失很多盈利机会。

　　下面来看一个具体的案例。

实例分析
晶方科技（603005）量增价涨实战应用

　　图 3-6 为晶方科技 2019 年 8 月至 12 月的 K 线图。

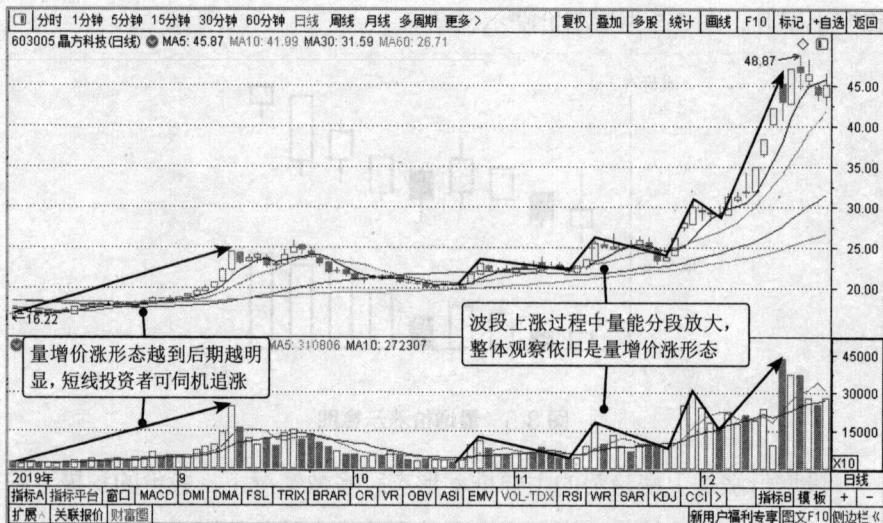

图3-6 晶方科技2019年8月至12月的K线图

晶方科技在这段走势中展现出了明显的上涨走势。从2019年8月初开始，该股在16.00元价位线附近横盘一段时间后开始缓慢向上回升，刚开始的上涨速度还比较慢，但成交量已经表现出了放大迹象，二者配合形成量增价涨，预示股价即将步入积极行情之中。

进入9月后，K线明显加快、加大收阳步伐，成交量量能也相较于前期大量放量，量增价涨的形态更加明显，向短线投资者传递出看涨信号。

不过此后不久，该股就在25.00元价位线附近受阻后横盘，并于9月下旬下跌整理，一路跌落至60日均线附近。期间量能回缩，市场表现出观望态势，短线投资者应在股价横盘滞涨期间就离场。

10月底，该股得到支撑后逐步回升，并且在较长一段时间内呈现出锯齿状的上涨。也就是说，该股重复着上涨→回调→再上涨→再回调的走势，不断向上攀升。

在此期间，仔细观察成交量也可以发现，量能的缩放几乎与股价完全匹配，同步呈锯齿状放量。量能不仅在短期内配合K线形成量增价涨，在10月下旬到12月中旬这段上涨中，也实现了整体的放大，量增价涨的形态得到进一步确认和验证。

短线投资者完全可以借助分段的量增价涨快进快出，也可以在持有一段时间后在某一高位集中卖出，降低成本的同时，无形之间增加了收益。

3.2.2　量平价平

量平价平指的是某段时间内股价走平时，成交量也同步表现出小幅震荡的形态，图 3-7 为量平价平示意图。

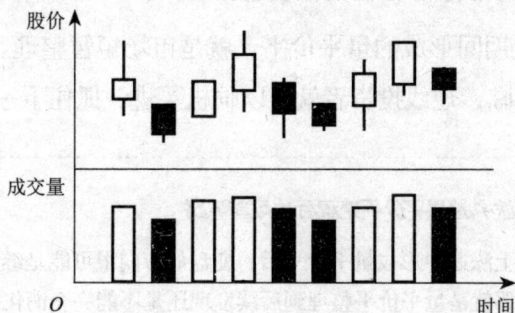

图 3-7　量平价平示意图

要想成交量在一段时间内完全呈现出日日平量的状态几乎是不可能的。因此，只要量能在此期间的缩放幅度偏小，整体能看出走平就可以了。K 线也是一样的，只要保持住横盘整理即可，无须追求完美的走平。

造成量平价平的原因，大致是市场短时间内交投不热烈，上下方都没有充足的动能导致股价形成明显的趋势性走向，观望意愿比较强烈。而更具体的原因还需要根据形态形成的位置来判断。

比如在相对高位股价滞涨期间，形成的量平价平就有上推动能不足，卖盘开始缓慢发力制造抛压的可能。这一点可以从 K 线反复收出长上影 K 线，或者反复冲击某一压力线失败的状态可以看出。

又比如在下跌期间的整理过程中，形成的量平价平大概率就是买盘加大资金注入，暂时消化了盘中积攒的卖单，导致股价走平。但成交量的走平也说明买盘没有多余的力量继续推涨，双方僵持到最后，抛压还是会将多方的上涨动能消磨殆尽，最终转入下跌之中。

以上两种位置的量平价平传递的都是弱势看跌信号，但形成于上涨初期和上涨整理过程中的量平价平，却能够释放出积极的看涨信号。

原因很简单，在上涨途中，股价若累计涨幅足够大，就会导致盘中积累大量亟待兑利出局的获利盘，这些获利盘会不断地制造抛压，导致股价拉升困难。那不如制造一次回调，集中释放这些抛压，促进场内浮筹换手，最后还留在场内的基本都是看多后市的投资者，这样后续股价回归上涨时，面临的压力就会小很多，拉升的幅度也会更大。

因此，在此期间形成的量平价平，就是市场短暂整理、消化卖单的表现。待到变盘来临，短线投资者就可以伺机买进，抓住下一段涨幅。

拓展知识 *上涨途中的量平价平变盘后也可能下跌*

前面说过，上涨途中形成量平价平后，变盘的方向很可能是继续向上的。但还有一种情况，那就是量平价平整理到后续发现还是不能完全消化掉卖单，那么股价就可能转向下跌，用更极端的方式来促进筹码的交换，也就是震仓。

在这种情况下，只要股价没有跌破前期低点，后续还是以看多为主的，短线投资者可以不着急买进，待到回调结束，量增价涨形态出现后再建仓不迟。

下面来看一个具体的案例。

实例分析

洲明科技（300232）量平价平实战应用

图 3-8 为洲明科技 2022 年 12 月至 2023 年 3 月的 K 线图。

从图 3-8 中可以看到，洲明科技正处于上涨行情之中。尽管在 2022 年 12 月下旬之前还在向下跌落，但在接触到 5.50 元价位线后不久，就在此附近止跌横盘，准备转势。

进入 2023 年 1 月后，股价明显开始加速上涨，K 线连续收阳，将价格逐步提升到了均线组合之上，市场表现出了积极看多的意愿，短线投资者可伺机买进，抓住这一波涨幅。

　　不过在 1 月底时，该股在 6.00 元价位线附近受阻后横盘了一段时间，2 月上旬时小幅向上提升了一个台阶，但价格后续依旧横盘，证明当前市场以整理为主。这一点从跟随走平的成交量也可以看出，此时短线投资者最好还是先行出局，避免股价整理到后期转入下跌。

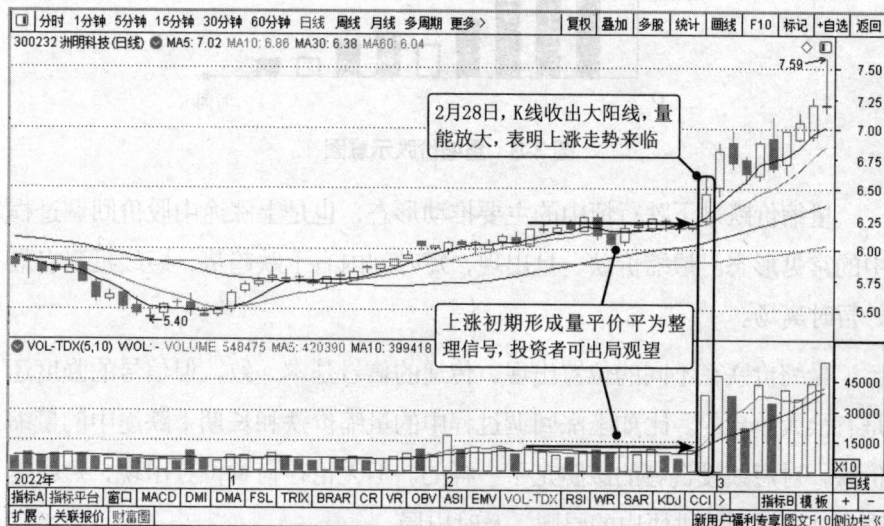

图 3-8　洲明科技 2022 年 12 月至 2023 年 3 月的 K 线图

　　继续来看后面的走势。此次横盘一直持续到了 2 月底，2 月 28 日，该股以高价开盘后迅速上冲，最高冲到 6.62 元的位置后小幅回落，最终以 4.03% 的涨幅收出一根大阳线，突破了横盘区间。同一天内，成交量也放出了巨大的量能，为股价提供了强劲的上涨动能。

　　这说明此次整理结束，股价后续大概率会回归上涨之中，短线投资者可以在当日或者后续股价接连上涨的过程中买进建仓。

3.2.3　量缩价跌

　　量缩价跌指的是当股价表现出下跌趋势时，成交量也跟随缩减，形成配合，图 3-9 为量缩价跌示意图。

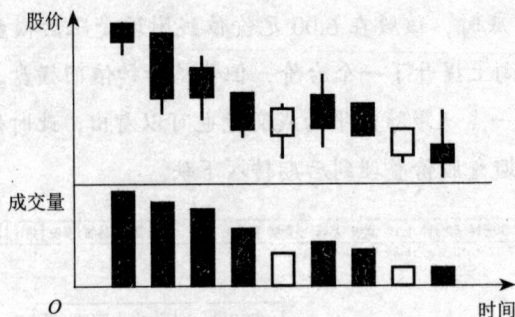

图 3-9　量缩价跌示意图

量缩价跌是下跌行情中的主要推动形态，也是上涨途中股价回调过程中的常见形态。量缩价跌一旦出现，短时间内有下跌趋势，短线投资者最好暂时离场。

量缩价跌在不同的位置出现，传递的信号基本一致，但信号的强度还是有很大差异的。比如上涨回调过程中的量缩价跌和长期下跌途中的量缩价跌，对短线投资者的威胁是不一样的。但无论在何种位置出现，短线投资者都应遵循快进快出的原则，及时出局。

下面来看一个具体的案例。

实例分析

艾比森（300389）量缩价跌实战应用

图 3-10 为艾比森 2021 年 5 月至 10 月的 K 线图。

从图 3-10 中可以看到，艾比森正处于涨跌行情的转势过程中。在 2021 年 6 月中旬之前，股价的上涨走势还是比较明显的，许多短线投资者都会选择在这段时间内建仓入场。

6 月中旬，该股在收出一根大阳线，成交量也配合放出巨量后进入回调之中。在此期间，股价不断向下滑落，成交量也出现明显的缩量，量缩价跌形态出现，短线投资者应及时止盈止损，防止被套。

一直到 6 月底，该股在 30 日均线附近得到支撑后止跌，并随着均线的上扬而转向上方，成功于 7 月初突破了 9.00 元的压力线。同一时期，成交量也不再缩减，而是在走平后间歇性地放量，证明此次回调结束，短线投资者又能重新买进入场了。

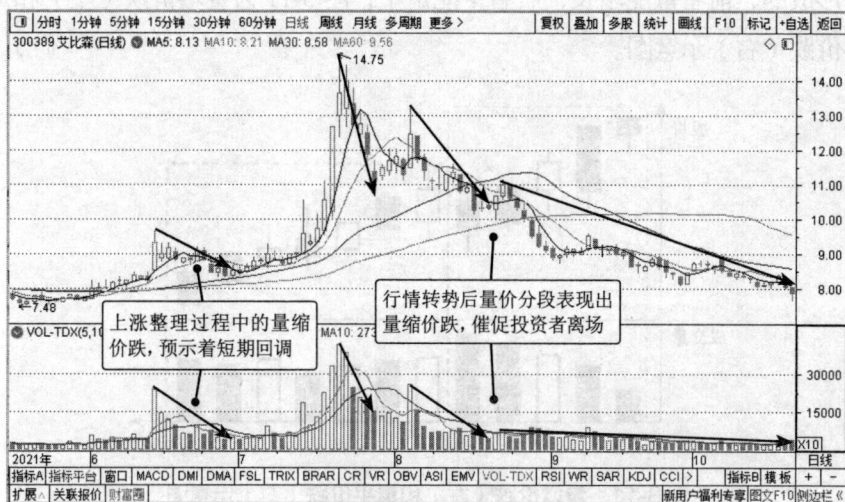

图 3-10 艾比森 2021 年 5 月至 10 月的 K 线图

继续来看后面的走势。在涨幅越来越大的阳线抬升下，股价于 7 月下旬来到了 14.00 元价位线之上，成交量也配合巨幅放大。但随着股价位置越来越高，行情转势的风险也越来越大，短线投资者不仅要注意及时止盈，也要注意仓位管理，不要在高位投入太多的资金。

在该股突破 14.00 元价位线的当日，K 线收出的就是一根带长上影线的阳线，证明股价在盘中有冲高回落之势。次日，K 线依旧收出带长上影线的阳线，并且高点有所降低，说明股价可能突破困难，14.00 元就是股价短时间内能达到的最高价位线了，此时谨慎的投资者可以提前借高出局。

从后续的走势可以看到，该股在此之后就转入了快速的下跌之中，短短数日就跌到了 11.00 元价位线上。与此同时，成交量也大幅缩减，量缩价跌的形态进一步验证了行情的转势，还未离场的投资者要抓紧时间。

在后面长达三个月的时间内，该股多次反弹，但反弹结束后量缩价跌的形态依旧明确。量价不仅分段表现出量缩价跌，从长时间的整体情况来看，量缩价跌也是得到了延续的，说明短时间内股价回暖无望，投资者不宜参与。

3.2.4　量增价跌与量平价跌

量增价跌和量平价跌都属于量价背离形态，并且都是在股价下跌过程中形成的，前者量能增长，后者量能走平，图 3-11 为量增价跌（左）和量平价跌（右）示意图。

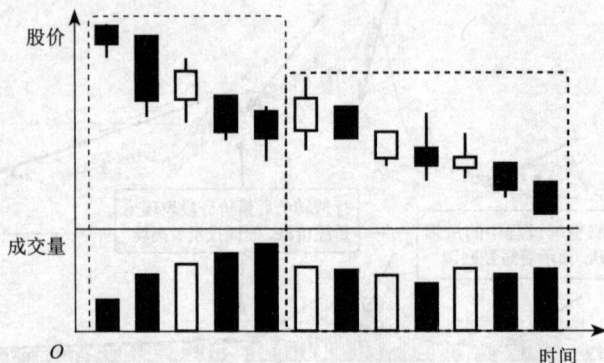

图 3-11　量增价跌（左）和量平价跌（右）示意图

这两种量价背离在大多数情况下发出的都是短期看跌的预警信号，比如在下跌行情初期、下跌途中及上涨回调过程中等。只是量增价跌的预警意义更加有效和可靠，因为量增价跌意味着股价是在市场频繁交易的过程中被主动拉低的，盘中的助跌动能比起量平价跌来说更加强劲。

不过，在一些特殊的位置，这两种形态可能会释放出截然不同的信号。

比如在行情低位出现的量增价跌，就有可能是主力蓄意压价造成的，具体表现为股价突然加速收阴下跌，同时成交量在数日内明显放大。而主力压价的目的就在于吸取廉价筹码，持仓比例达到一定程度后迅速拉升个股，将其带入新的行情之中。这种情况下的量增价跌，传递出的就是短期看跌，但长期看涨的信号。

而在行情筑底过程中出现的量平价跌，同样具有短期看跌、长期看涨的效果，但不如量增价跌强势。它的出现意味着股价持续探底，但是因为抛压渐小，下跌空间已经有限。如果量价能在后续出现积极走势，比如量增价涨等形态，那么短线投资者就可以重新买入进场了。

下面来看一个具体的案例。

实例分析

万华化学（600309）量增价跌与量平价跌实战应用

图 3-12 为万华化学 2020 年 11 月至 2021 年 4 月的 K 线图。

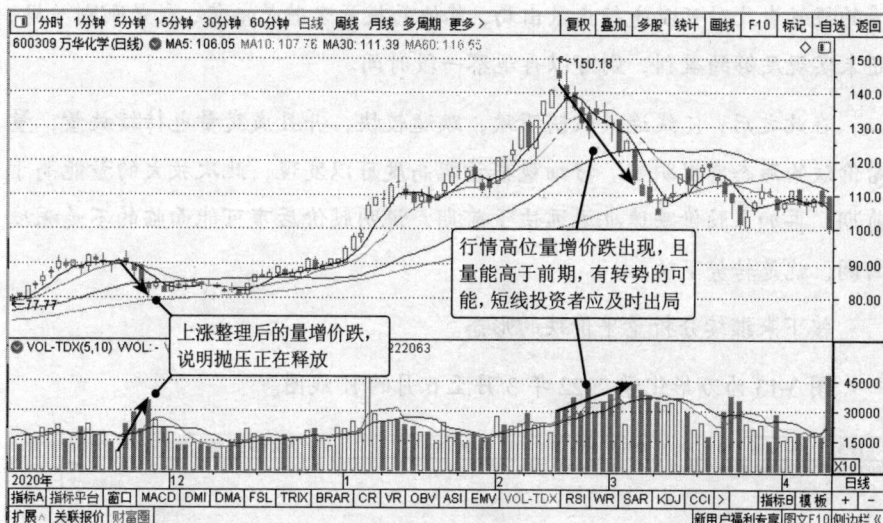

图 3-12　万华化学 2020 年 11 月至 2021 年 4 月的 K 线图

从图 3-12 中可以看到，万华化学在 2020 年 11 月初还处于上涨之中，并且涨势已久，中长期均线稳定承托在 K 线和短期均线之下。直到股价接触到 90.00 元价位线后，才受到阻碍形成了滞涨横盘。

11 月下旬，该股突然大幅收阴下跌，成交量也在数日内形成了明显的放量，量增价跌形态出现。在上涨过程中形成的量增价跌并不是好征兆，它意味着市场在主动交易压价。多数投资者很难在短时间内判定这是短期获利盘的抛压导致的，还是主力与大量散户于高位出货导致的，因此，此处还是以出局为佳，尤其是短线投资者，更应该迅速卖出。

从后续的走势也可以看到，该股在落到 60 日均线附近后就得到支撑，并形成了横盘震荡。横盘整理一直持续到 12 月中旬，K 线才有收阳上涨的趋势，短线投资者可重新买进了。

在经历了两个多月的上涨后，该股来到了 140.00 元价位线附近，但就在继续上冲并创出 150.18 元新高的当日，股价形成了冲高回落走势，K 线收出带长上影线的阴线，低点落到 140.00 元价位线上方不远处。同时，当日的成交量也出现了放量，传递出了突破困难的信号。

但仅仅一个交易日不能说明太多问题，更不能直接证明行情会转势。谨慎的投资者此时可以先行止盈出局，其他的投资者若是惜售，或是刚刚入场，还未实现足够的盈利，则可以再观察一段时间。

在此之后，K 线连续收阴下跌，跌速较快，并且成交量也持续放量，量增价跌的形态愈发明显。仔细观察量能高度可以发现，此次放大的量能高于前期，再加上股价跌速也远远快于前期，说明股价后市可能面临的不是深度回调，就是转势下跌。

接下来继续分析量平价跌的形态。

图 3-13 为万华化学 2022 年 3 月至 6 月的 K 线图。

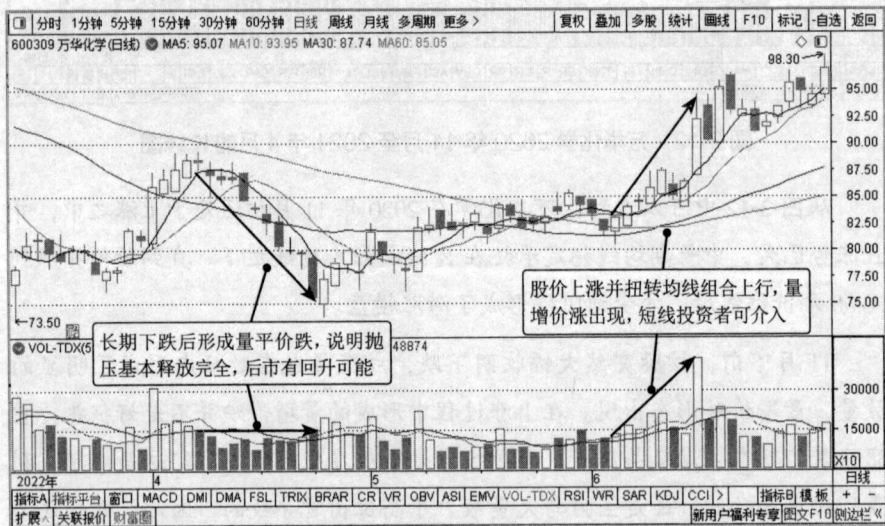

图 3-13　万华化学 2022 年 3 月至 6 月的 K 线图

2022 年 3 月，股价已经跌到了 80.00 元价位线附近，并且中长期均线依旧压制在 K 线以上，说明该股还未脱离下跌行情，短线投资者参与依旧需要特别谨慎。

3月底，K线大幅收阳反弹，短时间内就将价格带到了90.00元价位线附近，但此时60日均线也下行靠近了股价，使得价格滞涨后开始回落，进入下跌趋势之中。在此期间，成交量有小幅回落，但很快便在某一水平线附近小幅震荡，形成走平态势，与股价形成了量平价跌的背离。

在经历了如此长时间的下跌后形成量平价跌，有可能是市场助跌动能释放完全，下跌空间有限的表现。虽然在短时间内短线投资者依旧不宜参与其中，但可以在场外观望，看股价是否有转势迹象。

从后续的走势可以看到，股价在跌至75.00元价位线附近后得到支撑迅速收阳回升，尽管成交量并未给予强力的支撑，但股价的上涨趋势还是很明显，投资者可保持高度关注。

进入6月后，股价已经来到了中长期均线之上，随着K线的持续收阳及成交量的放量支撑，中长期均线也逐步被扭转向上，这意味着强势反弹或上涨行情即将来临，短线投资者此时就可以买进了。

3.2.5　量缩价涨与量平价涨

量缩价涨与量平价涨都是在股价上涨过程中形成的量价背离形态，前者量能表现为缩减，后者量能表现为走平，图3-14为量缩价涨（左）和量平价涨（右）示意图。

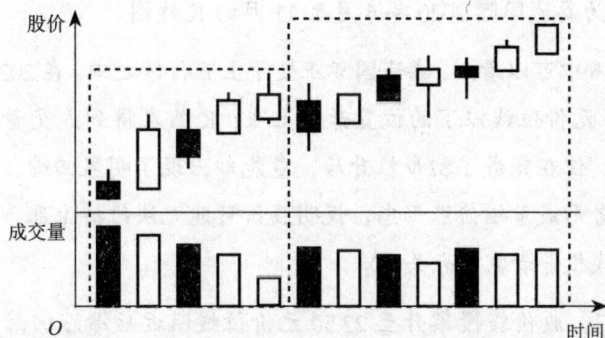

图3-14　量缩价涨（左）和量平价涨（右）示意图

股价在上涨的同时，若成交量没有给予足够的支撑，那么个股后续的涨势也得不到保障，这种状态持续到最后，股价可能会演变为横盘整理或下跌。也就是说，量缩价涨和量平价涨在很多时候都是股价上涨缺乏动力、价格即将见顶走弱的表现，在上涨高位和反弹高位尤其常见。

不过，并不是所有量平价涨和量缩价涨都是看跌形态。比如股价如果经历了长期的下跌走势，盘中经过沉淀后，交投相对冷淡，价格波动幅度不大，那么底部只要出现稍微放大的量能，就可以让走势出现止跌反弹。

这是因为许多套牢的筹码早已出场，或是部分被套牢的投资者有长期反抗的心理准备，所以，股价从底部反弹的过程并不需要太大的量能。但如果后期量能依旧平缓，没有持续放大，那么这一段的上涨也只能维持很短的时间。

若量缩价涨的形态也出现在这种位置，说明主力参与的可能性较高。在主力持股比例较大、大量的流动筹码被锁定的情况下，个股后期拉升上涨的阻力就不会太强，股价可能在不久之后就转入强势行情之中。短线投资者在形态形成过程中不必参与，但在后续翻盘之后可迅速介入。

下面来看一个具体的案例。

实例分析

嘉诚国际（603535）量缩价涨实战应用

图 3-15 为嘉诚国际 2020 年 6 月至 11 月的 K 线图。

从图 3-15 中可以看到，嘉诚国际正处于上涨行情之中。在 2020 年 6 月底，股价从 20.00 元价位线以下的位置开始上涨，K 线在得到成交量支撑的情况下连续收阳。但在完成了初步拉升后，量能却出现了明显回缩，导致股价涨速下降，二者形成量缩价涨形态，说明股价可能无法维持上涨，即将进入回调之中，短线投资者需重点关注。

7 月上旬，股价缓慢攀升至 22.50 元价位线附近后滞涨回落。不过由于中长期均线的支撑力度较强，股价很快便回到了上涨之中，即便投资者没来得及卖出，损失也不会太大。

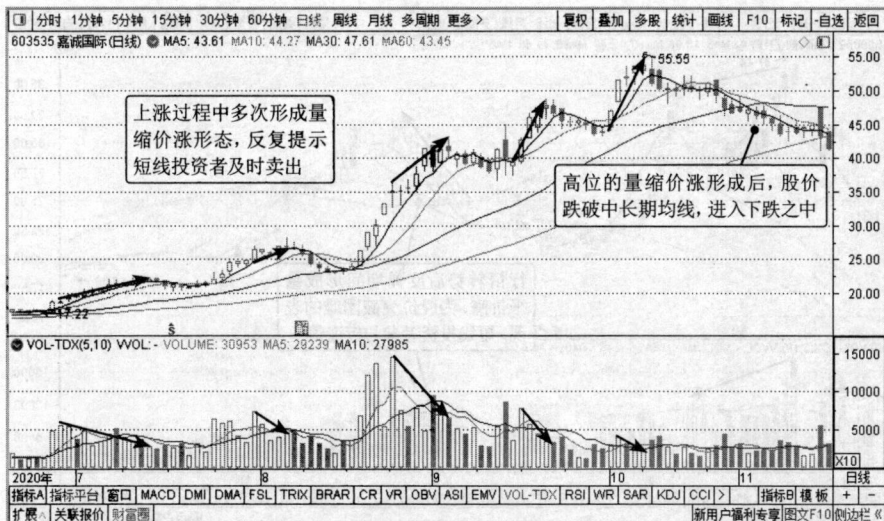

图 3-15　嘉诚国际 2020 年 6 月至 11 月的 K 线图

继续来看后面的走势。在 8 月初，该股上涨至 25.00 元价位线之上后，再次与成交量背离，形成了量缩价涨的形态。这说明又一次的回调即将来临，有了经验的短线投资者此时就可以迅速卖出兑利。

在后续近两个月的走势中，量价分别于 8 月底、9 月中旬和 10 月初又形成了三次比较明显的量缩价涨形态，并且在此之后股价都出现了回调。这说明量缩价涨对于后市看跌的预示信号还是比较利好的，短线投资者如果能够借助这些信号进行波段操作，获利可能性很大。

不过，在 10 月初的量缩价涨形成后，股价下跌的时间比较长，而且后续还相继跌破了 30 日均线和 60 日均线，说明此次下跌不是回调，而是下跌行情的开始，短线投资者在发现这一点后就不要轻易介入了。

接下来通过另一个案例来解析量平价涨形态。

实例分析

华润双鹤（600062）量平价涨实战应用

图 3-16 为华润双鹤 2022 年 4 月至 8 月的 K 线图。

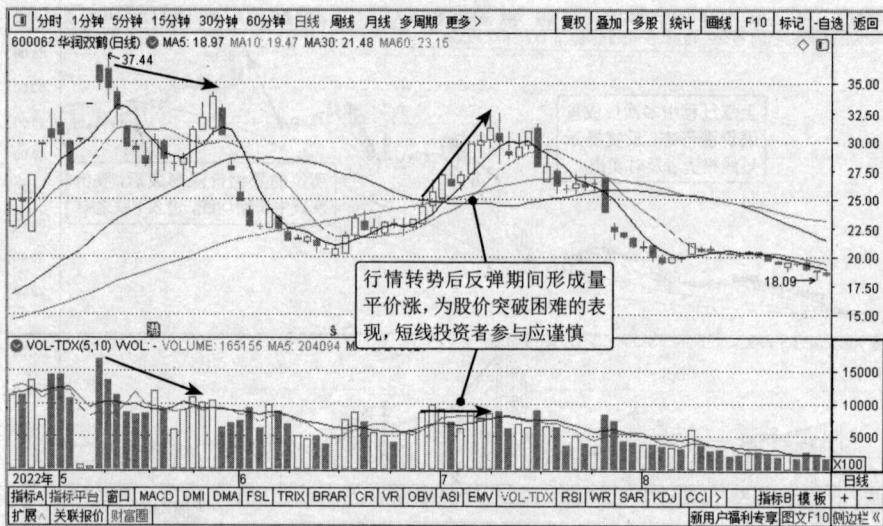

图 3-16　华润双鹤 2022 年 4 月至 8 月的 K 线图

在华润双鹤的这段走势中，行情正在发生转变。从中长期均线的状态可以看出，在 2022 年 5 月及以前，该股还处于积极的上涨过程中，股价大幅向上偏离中长期均线，证明短时间内涨势较高，K 线组合可能会出现修复。

果然，在创出 37.44 元的新高后，该股开始下跌，主动向中长期均线修复。与此同时，成交量也开始缩减，市场呈现出逐步走弱的态势，此时短线投资者就需要将前期收益落袋为安了。

在 5 月底上涨突破前期高点失败后，该股继续下跌。6 月中旬，该股跌至 20.00 元价位线附近止跌后出现收阳反弹的迹象。6 月底，该股成功向上突破了 30 日均线和 60 日均线的压制，开始向着更高的位置进发，短线投资者可以伺机参与其中。

但仔细观察成交量投资者会发现，在股价反弹的后期，成交量没有提供足够的助涨动力，而是逐步走平，量价结合形成了量平价涨的背离。

这说明此时价格的上涨缺乏支撑，股价要想突破前期高点非常困难，尽管此次上涨幅度较大，涨速也比较快，但大概率也只是一次反弹。因此，已经入场的短线投资者要注意及时止盈出局，未入场的投资者也最好不要再买进，避免股价转势后被套。

3.2.6　量增价平与量缩价平

当股价走平或在某一价格区间内小幅震荡时，若成交量没有走平，而是呈现出或放大或缩减的状态，就会与股价产生背离，图 3-17 为量增价平（左）和量缩价平（右）示意图。

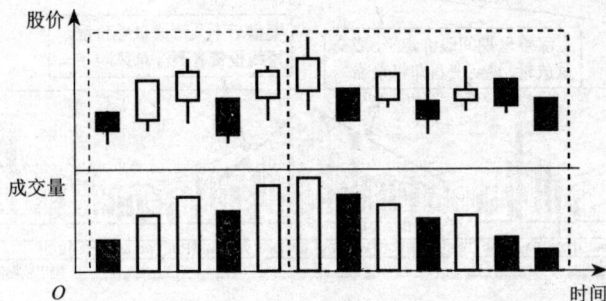

图 3-17　量增价平（左）和量缩价平（右）示意图

成交量的增减直接反映出了市场交易的活跃度。量能增长，说明买卖双方交易活跃，股价却能够维持在一定的震荡区间内，说明双方议价暂时没有产生太大的分歧，也就是说，市场中的助涨和助跌动能暂时维持住了平衡。随着量能的持续增长，股价走平的状态也无法维持太长时间，后市在变盘方向不明的情况下，短线投资者最好出局观望。

而量能的缩减，则说明买卖双方并不热衷于交易，或者其中一方不愿意卖出或买进，导致量能回缩。股价若能保持走平，说明市场中持观望态度的投资者比较多，买卖双方短时间内无法左右股价走势的情况下，大多减缓了交易的脚步，等待变盘的来临，短线投资者此时也应跟随出局或留在场外观望。

下面来看一个具体的案例。

实例分析

安井食品（603345）量增价平实战应用

图 3-18 为安井食品 2020 年 5 月至 9 月的 K 线图。

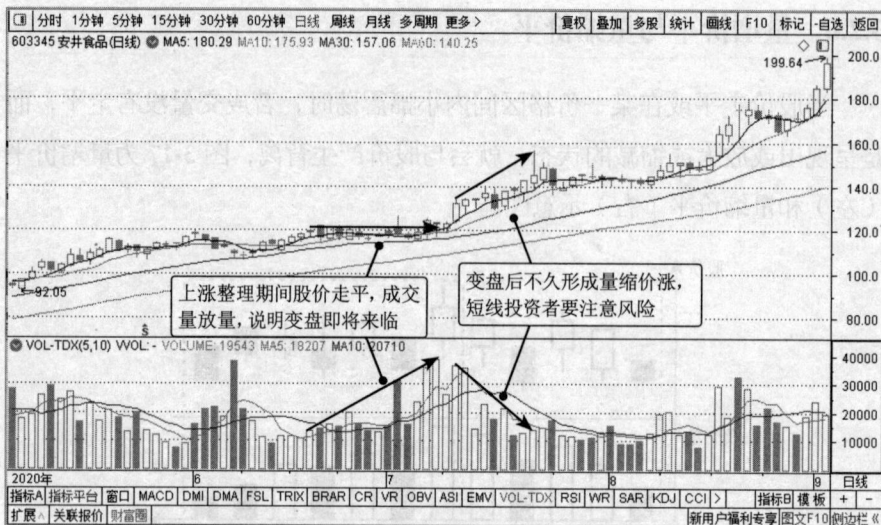

图 3-18　安井食品 2020 年 5 月至 9 月的 K 线图

从安井食品的这段走势中可以看出，行情正处于积极、稳定上扬的过程中，中长期均线长期承托在短期均线和 K 线之下，支撑作用显著。

在此期间，股价形成了多次回调和横盘整理，但基本都在 30 日均线附近就得到支撑回升了。这说明该股的上涨空间还很大，短线投资者可伺机介入，再寻找合适的位置兑利。

6 月中旬，该股上涨至 120.00 元价位线附近后受阻。而在 6 月初时，股价已经在该价位线处受到过压制，此次的突破失败就意味着短时间内股价可能会进入回调或横盘。

从后续的走势可以看到，该股确实在 120.00 元价位线上形成了小幅横盘震荡，一直持续到了 7 月。在此期间，成交量却表现出了比较明显的放量，与股价形成了量增价平的背离形态，释放出短期观望信号，此时短线投资者可先行兑利出局。

进入 7 月后不久，成交量放量的幅度愈发加大，K 线也在连续收阳，但却始终未能成功突破 120.00 元压力线的阻碍。数日后，K 线才收出一根高开的大阳线，彻底站到了压力线之上，开启了新一波上涨。

不过，在价格转为上涨后不久，成交量却出现了缩量的情况，传递出此次上涨延续时间可能不长的信号，短线投资者要注意风险，及时止盈，待到下一次上涨来临时重新入场即可。

接下来通过另一个案例解析量缩价平形态。

实例分析

建设机械（600984）量缩价平实战应用

图 3-19 为建设机械 2019 年 8 月至 2020 年 3 月的 K 线图。

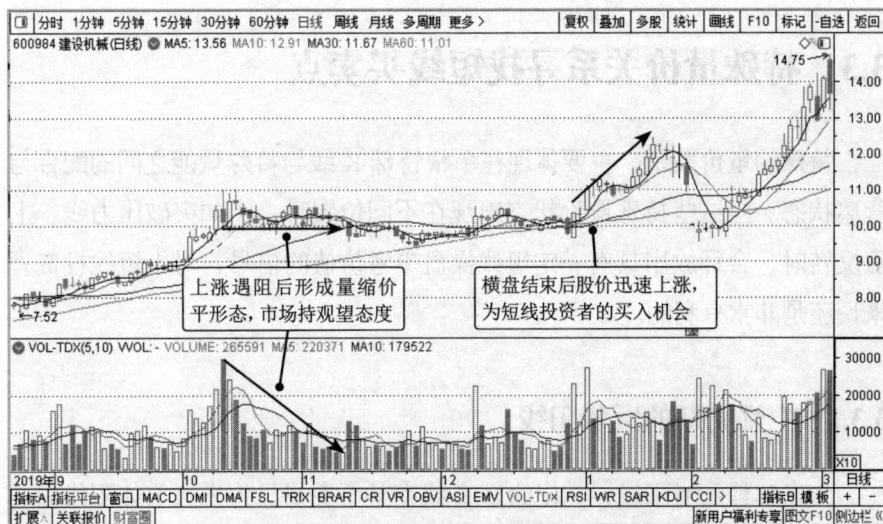

图 3-19　建设机械 2019 年 8 月至 2020 年 3 月的 K 线图

从图 3-19 中可以看到，建设机械的上涨趋势还是很明显的。在 2019 年 9 月期间，股价的涨势十分稳定，涨速越到后期越快，并且成交量也在配合放大，说明市场追涨情绪积极，股价未来发展可期。

进入 10 月后不久，该股在 11.00 元价位线附近受挫后小幅下滑到 10.00 元价位线上，得到支撑后形成横盘整理。在此期间，成交量出现了极为快速和大幅的缩量，与股价形成了量缩价平的状态。

这说明在经历了大幅度上涨后，投资者已经察觉到了危险，因此，股价一旦产生下跌迹象，就会引起投资者的警惕，大部分人此时都持观望态度，导致交易量大大减少。短线投资者也应当跟风选择观望，已经入场的要及时将收益落袋为安，避免被套。

量缩价平持续到 11 月初时，股价小幅下挫，跌到了 10.00 元价位线以下。直到 11 月下旬，股价才在 60 日均线上得到支撑，止跌后小幅回升，为投资者带来了后市看涨的希望，但目前依旧不是好的买入时机。

12 月底，股价开始大幅收阳上涨，成交量也表现出了巨量支撑。此时，短线投资者就可以抓住时机迅速买进，开始波段操作了。

3.3 特殊量价关系寻找短线买卖点

特殊的量价关系，主要体现在单根特殊 K 线与特殊量能之间的配合与背离状态。当这些特殊量价状态出现在不同位置时，比如突破压力线、上涨反转时，会释放出具有一定短线操盘参考价值的信号，对于短线投资者来说还是非常有利的。

3.3.1 上涨初期的巨量阳线

先来解释巨量阳线，它指的是 K 线在某个交易日收出大实体阳线的同时，成交量相较于前一日巨幅放量的形态，图 3-20 为上涨初期巨量阳线示意图。

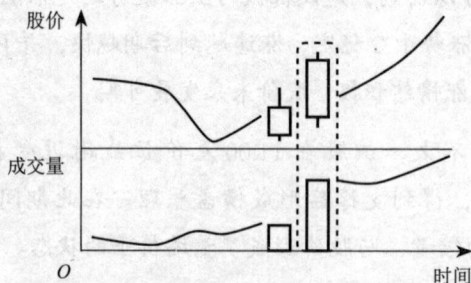

图 3-20 上涨初期巨量阳线示意图

其中，大阳线的单日波动幅度，也就是开盘价与收盘价之间的差距要超过 3.6%，同时成交量能要相较于前一日放大一倍及以上，形态才足够标准，释放出的信号才足够可靠。

巨量阳线在行情的各种位置都可能出现，但当其形成于上涨初期，也就是股价见底后积极拉升的过程中时，发出的看涨信号会更为强烈。对于短线投资者来说，这种形态无疑是非常明确的买入时机，只要能够确定后市的上涨趋势，就可以在此处建仓。

下面来看一个具体的案例。

实例分析

超讯通信（603322）上涨初期的巨量阳线实战应用

图 3-21 为超讯通信 2022 年 3 月至 7 月的 K 线图。

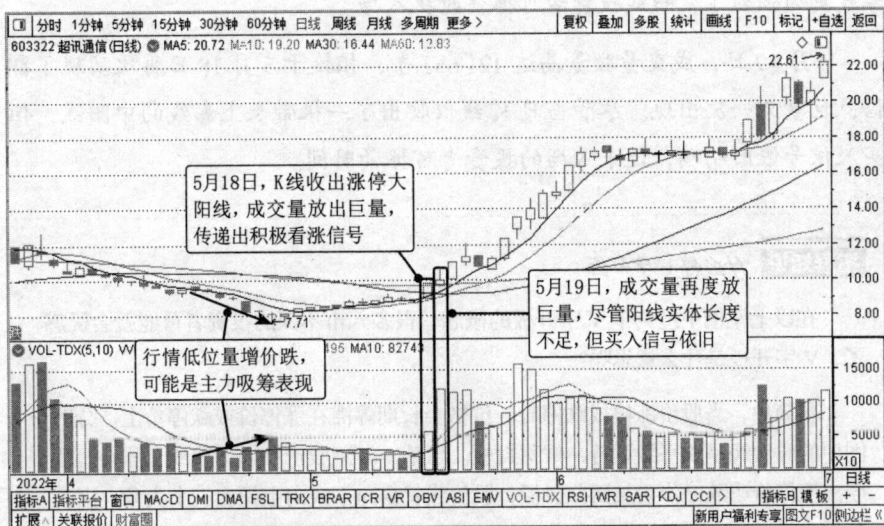

图 3-21　超讯通信 2022 年 3 月至 7 月的 K 线图

从超讯通信的这段走势中可以看出，在 2022 年 4 月之前，股价出现过一次下跌途中的反弹，导致 30 日均线发生了转向，但由于整体的下跌趋势仍旧存在，60 日均线还是处于下行状态。

到了 4 月下旬，中长期均线基本已经全部转向下方，对股价起压制作用。

但观察成交量可以发现，在股价快速收阴下跌的过程中，量能却出现了小幅放大，与价格形成了背离。在长期下跌后的低位出现量增价跌，意味着可能有主力在压价吸筹。

直到 4 月底，该股创出 7.71 元的新低后小幅回升到 8.00 元价位线以上，并持续收阳。虽然刚开始的收阳幅度较小，上涨速度不快，但股价转势的可能性还是存在的，短线投资者可以保持关注。

5 月 18 日，该股小幅高开后迅速上冲，开盘后一个小时不到就冲上了涨停板并封板，一直到尾盘才出现了一次 V 字开板，不过很快又再次封住，直至收盘，当日 K 线收出一根涨停大阳线。

同一交易日，成交量数量达到了 57 126 手，相较于前一日的 20 387 手来说，已经实现了翻倍。将其与涨停大阳线结合，就形成了巨量阳线形态，再加上股价当日收盘价也成功突破到了两条中长期均线之上，此处的买入信号就更为强烈了，短线投资者可抓住时机入场。

5 月 19 日，成交量数量高达 121 657 手，相较于 5 月 18 日再次实现了翻倍，巨量又一次出现。尽管当日 K 线仅收出了一根带长上影线的中阳线，但买入信号依旧明确，还未入场的投资者可抓紧时间。

拓展知识 *什么是 V 字开板*

在以上案例中提到了 V 字开板的概念，很多入市不深的投资者可能就会疑惑了，V 字开板是什么意思呢？

很简单，当股价涨停或跌停时，价格会长期停滞在涨停价或跌停价上，分时图中的股价线呈水平线运行，俗称封板。当某一时刻股价小幅下跌或上涨，短暂脱离涨停价或跌停价后又回归封板，股价线就会向下或向上探出一个尖角，因其形似字母 "V"，股市中就将这种现象称为 V 字开板。

3.3.2　突破压力线的高开带量阳线

带量阳线指的是 K 线收阳的当日，成交量相较于前期放量，放量幅度不限，但越大越好。而突破压力线的高开带量阳线，就是该阳线向上高开的同时，成功突破了某压力线的阻碍，图 3-22 为突破压力线的离开带量阳线示意图。

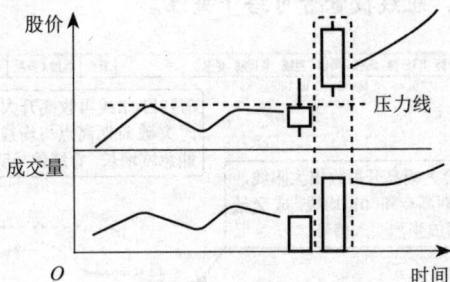

图 3-22 突破压力线的高开带量阳线示意图

这里的向上高开不一定会产生跳空缺口，只要阳线的开盘价高于前一日的收盘价就可以。当然，阳线最低价如果能够高于前一日的最高价，整体向上跳空形成缺口，研判效果会更好。

除了高开以外，阳线对压力线的突破也是研判关键。图 3-22 中展示的压力线是前期高点，这类压力线在行情运行过程中非常常见。除此之外，中长期均线、前期被跌破的支撑线及整理形态的上边线等，都是股价上涨过程中可能面临的阻碍。

如果量价能在突破这些压力线的同时收出高开带量阳线，那么后市上涨就能够得到一定的保障，投资者买进也更有信心。

下面来看一个具体的案例。

实例分析

光库科技（300620）突破压力线的高开带量阳线实战应用

图 3-23 为光库科技 2022 年 4 月至 8 月的 K 线图。

在光库科技的这段走势中，涨跌趋势的转换表现得很明显。2022 年 4 月，股价还处于稳定快速的下跌趋势之中，整个均线组合基本都覆盖在 K 线之上，呈空头排列压制股价下行。

到了 4 月底时，股价创出 22.01 元的新低后终于有了回升迹象，K 线开始连续收阳上涨。进入 5 月后，股价已经来到了 25.00 元价位线以上，并且将短期均线扭转向上，破坏了空头排列形态，说明股价可能即将进入强势反弹或新的行情之中，短线投资者可给予关注。

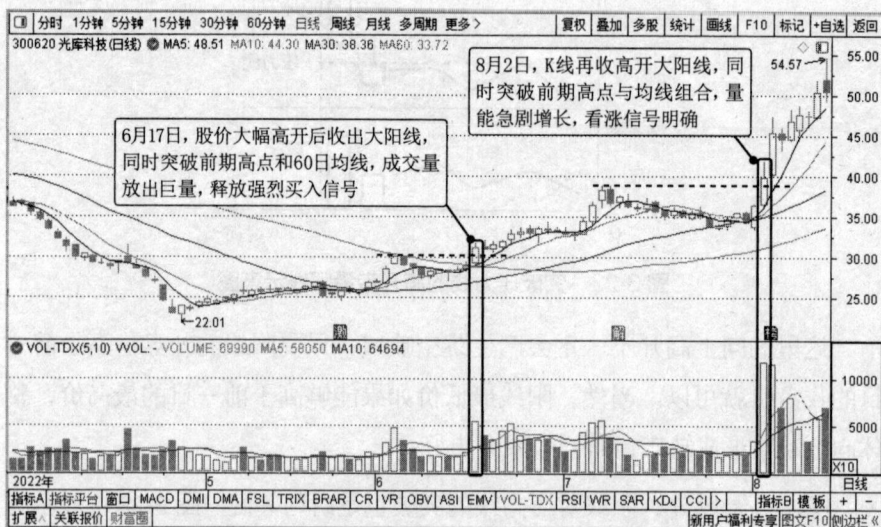

图 3-23　光库科技 2022 年 4 月至 8 月的 K 线图

继续来看后面的走势。6 月初，该股在 30.00 元价位线附近受到了压制，随后形成了一次比较明显的回调。此时的 30 日均线已经被扭转向上了，60 日均线也逐步走平，意味着股价转入新行情的可能性较大，许多短线投资者可能已经在前期的上涨过程中建仓盈利了。

6 月上旬，该股跌至 10 日均线附近后得到支撑开始回升。6 月 17 日，股价大幅高开后快速上冲，盘中最高达到了 31.82 元，虽然后续小幅回落了，但收盘价依旧有 31.20 元，当日收出一根大阳线。

这根大阳线同时向上突破了前期高点和 60 日均线，达成了突破压力线的要求。再看成交量也可以发现，当日的成交量数量有 53 829 手，相较于前一日的 20 680 手，实现了翻倍，与 K 线共同形成了突破压力线的高开带量阳线形态，传递出了强烈的买入信号。此时，还在观望的谨慎型短线投资者也可以买进了。

后续该股在突破压力线后持续上扬，在经历了一次小幅回调后，于 7 月初来到了接近 40.00 元价位线的位置。

股价在此受阻后再度回调下跌，落到 30 日均线附近后才止跌回升。8 月 2 日，K 线收出了一根高开大阳线，最高价已经突破到了 40.00 元价位线以上，收盘价也高于前期高点，满足了高开阳线突破压力线的要求。

从成交量的表现来看，当日的成交数量高达 118 741 手，相较于前一日的 33 102 手，翻了 3.5 倍还多，已经属于巨量的范畴了。再加上阳线成功突破了压力线，此处的高开带量阳线释放的买入信号并不比前期弱，短线投资者可以在此重新买进入场。

3.3.3　拉升途中的地量一字涨停

一字涨停指的是股价在当日直接以涨停价开盘，盘中持续封板，最终仍以涨停价收盘，当日的开盘价、收盘价、最高价和最低价完全一致，形成一根既没有实体也没有影线的 K 线，这就是一字涨停。

由于一字涨停期间有大量的买单堆积在涨停价上，而卖盘又比较少，就会导致涨停价上的买单很难被全部消化，而如果这部分买单不能完全交易，其他更低价格上挂出的买单自然也无法交易。但因为股价已经涨停，投资者无法再挂出更高的交易价格，这就导致了在一字涨停期间，市场中的交易量会大大下降，那么一字涨停当日，成交量就可能大幅缩减，形成地量，图 3-24 为拉升途中的地量一字涨停示意图。

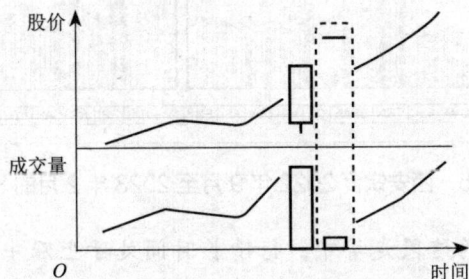

图 3-24　拉升途中的地量一字涨停示意图

大多数情况下，在拉升途中形成的一字涨停，前期都经过了一定程度的上涨铺垫，量能自然会有所放大，这就更能衬托出一字涨停当日的低水平量能了。而且在有些时候，一字涨停会连续出现，连续地量也会跟随形成，释放出强烈的上涨信号。

在一字涨停期间，场外投资者很难介入，只能每日尽早挂单，争取排在前面交易。已经成功买进的投资者，只要涨停板不打开，就可以一直持有；不过一旦涨停板打开，股价有下跌趋势，投资者最好迅速出局兑利，避免盘中积累的大量获利盘涌出，导致股价转而连续跌停。

下面来看一个具体的案例。

实例分析

西安饮食（000721）拉升途中的地量一字涨停实战应用

图 3-25 为西安饮食 2022 年 9 月至 2023 年 2 月的 K 线图。

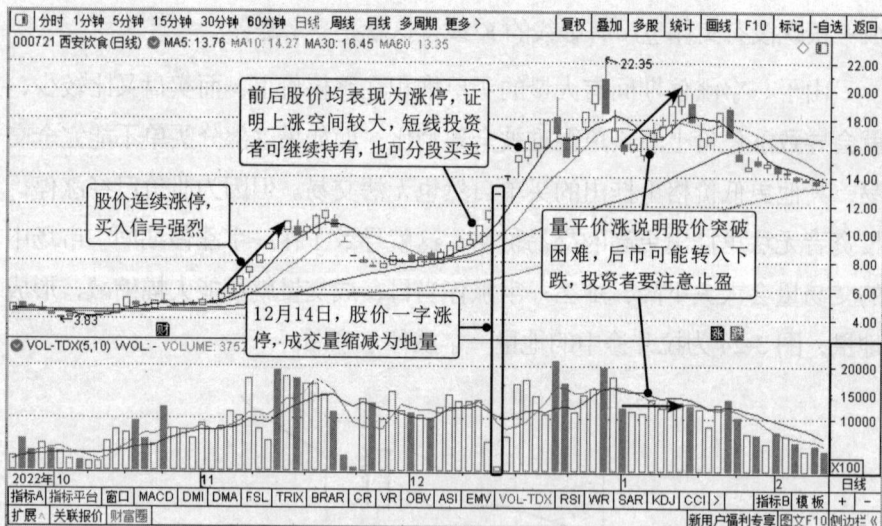

图 3-25　西安饮食 2022 年 9 月至 2023 年 2 月的 K 线图

在西安饮食的这段走势中，行情长时间处于上涨中。2022 年 10 月，股价还在 4.00 元价位线附近小幅震荡，虽然在后期股价有上涨迹象，但涨速比较慢，并且一直没能突破 6.00 元价位线的压制，许多投资者都没有重视，更别说买进建仓了。

11 月初，该股突然开始连续涨停，不仅突破到了 6.00 元压力线之上，还在短短数日内就冲上了 10.00 元价位线。期间 K 线收出的基本都是涨停阳线，尽管没有一字涨停，但看多信号非常强烈。反应快的短线投资者已经在涨停刚开始就入场了，后续等到股价在 10.00 元价位线上滞涨时就可以卖出，将这波收益兑现。

11 月下旬，股价从 10.00 元价位线上方滑落，跌到 30 日均线附近后得到支撑回升。进入 12 月后，该股连续收阳上涨，并很快再次涨停，12 月14 日，K 线收出了一根一字涨停，当日的成交量大幅缩减，形成了地量一字涨停，传递出了明确的积极信号。

虽然次日该股在盘中出现了一次 V 字开板，形成了倒 T 字线，但收盘价依旧是涨停价，该股还处于上冲之中。在后续的数日内，股价都在连续收阳上涨，但在突破 16.00 元价位线后，价格明显减缓了上涨速度。

尽管此时该股还未表现出下跌趋势，但连续的涨停带来的不仅是大量的追涨资金，还有大批亟待兑利的筹码，股价短时间内冲得越高，跌得就可能越深。为避开股价转势的风险，短线投资者还是以出局为佳。

从后续的走势可以看到，该股在短暂回调后继续上冲，于 12 月底创出22.35 元的新高后再次回落。数日后，该股重整旗鼓，连续收阳，但从成交量的表现就可以看出，在股价上涨的过程中，量能基本是走平的。股价高位的量平价涨，意味着市场推涨力度不足，股价可能很难突破前期高点，应引起短线投资者警惕。

果然，在接触到 20.00 元价位线后，该股就反弹见顶下跌了。再往后一次的反弹更是连 20.00 元价位线都没靠近，说明股价转势的可能性较大，此时还未离场的投资者要抓紧时间了。

3.3.4　高位的无量阳线

无量阳线指的是 K 线收阳的同时，成交量并未配合放大，而是呈现出走平甚至缩减的状态，图 3-26 为高位的无量阳线示意图。

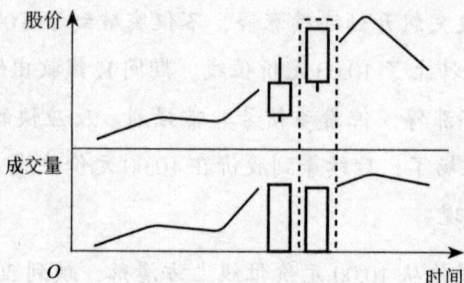

图 3-26　高位的无量阳线示意图

在股价高位出现的无量阳线，其实就是高位量平价涨或量缩价涨的微缩形态，它意味着市场无法再为上涨的股价提供更多的动力，股价有见顶风险。尤其是当前期量价之间一直表现出量增价涨的配合，到某日突然无量上涨时，这种预示信号会更明显。

一般来说，高位无量阳线是时效性较短的形态。意思是形态出现后，如果股价没有在数日之内见顶，或者量价很快恢复量增价涨的形态，那么该形态可能就是股价上涨过程中的常规震荡，见顶信号此时基本作废；但如果股价确实在短时间内见顶了，那么后市可能就会出现一波深度不明的回调，短线投资者此时就可以借高出货。

由此可见，高位无量阳线形成当日的卖出时机并不成熟，短线投资者可以再观察几个交易日，确定后市涨跌情况后再作决定。

下面来看一个具体的案例。

实例分析
健民集团（600976）高位的无量阳线实战应用

图 3-27 为健民集团 2021 年 10 月至 2022 年 1 月的 K 线图。

从图 3-27 中可以看到，健民集团正处于上涨过程中。在 2021 年 10 月底，该股跌至 41.62 元的位置后就见底并回升，刚开始的涨速还比较慢，不过到了 11 月上旬时，K 线就开始连续收阳上冲了，成交量也配合放大。

11 月 16 日，该股以 53.62 元的高价向上跳空开盘，开盘后迅速上冲，创出 57.46 元的高价后小幅回落，最终以 5.01% 的涨幅收盘，当日形成一根带长上影线的阳线。观察成交量可以发现，11 月 16 日的量能不仅没有继续放量，反而出现了小幅的缩减，呈现出无量阳线的形态。

而此时位于 55.00 元价位线以上的股价相较于前期 41.00 元左右的位置，涨幅已经达到了 34% 左右，位置已经相对较高。再加上股价是通过短时间内急剧上涨的方式来到高位的，那么后续见顶回调的可能性就比较高了，短线投资者应高度谨慎。

就在高位无量阳线形成的次日，K 线就开始收阴下跌了，进一步证实了投资者的猜测，那么短线投资者就需要及时借高出局。

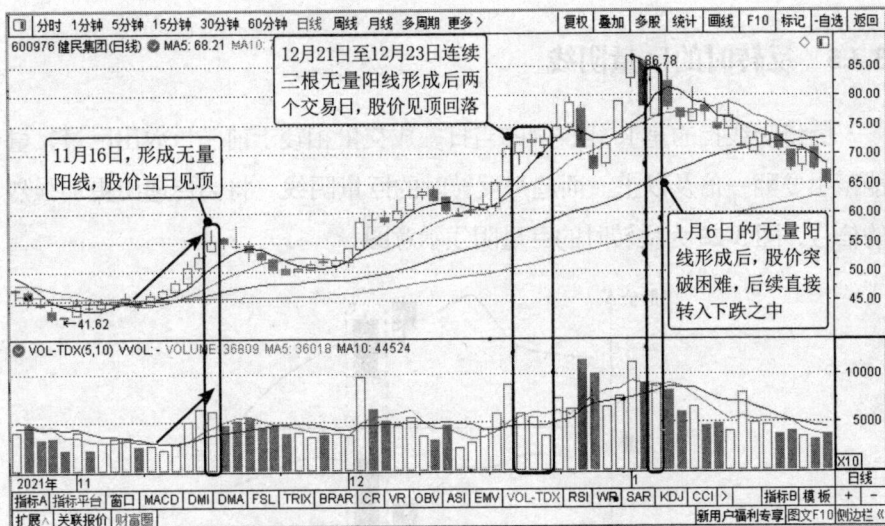

图 3-27 健民集团 2021 年 10 月至 2022 年 1 月的 K 线图

继续来看后面的走势。11 月底，该股跌至 50.00 元价位线上后止跌，横盘数日后继续上涨，期间经历了数次回调，来到了 65.00 元价位线附近。

12 月上旬，K 线连续收阳突破到了 65.00 元的压力线之上，收阳期间成交量也表现出了积极的放量配合。但从 12 月 21 日开始，该股虽然依旧在上涨，但涨势明显减缓，再看成交量也可以发现，这三个交易日的量能都在接连缩减，与股价结合形成了三根连续的无量阳线。

此时，股价还未表现出下跌迹象，投资者还可以不着急卖出。但在两个交易日后，该股在 80.00 元价位线处受挫，随后大幅收阴，说明股价见顶，后续将有一次回调，短线投资者可立即借高出局。

从后续的走势可以看到，此次回调的幅度其实不大，持续时间也很短，但避开了下跌终归是好的。12 月底，股价再次开始收阳上涨，成交量配合放大，将价格推到了 86.78 元的高位后，转而收阴下跌。

2022 年 1 月 6 日，股价低开后震荡高走，K 线收出一根长实体阳线，但无论是最高价还是收盘价，都比前一根阴线低。再加上当日的量能并未配合放大，高位无量阳线更加证实了股价上涨困难的信号，短线投资者为保险起见，还是以出局为佳，避开后市可能的下跌。

3.3.5　反转时的巨量阴线

巨量阴线指的是 K 线收阴的当日，成交量相较于前一日放出巨量，量能至少要翻一倍及以上。而趋势反转时的巨量阴线，将会传递出更加强烈的信号，图 3-28 为反转时的巨量阴线示意图。

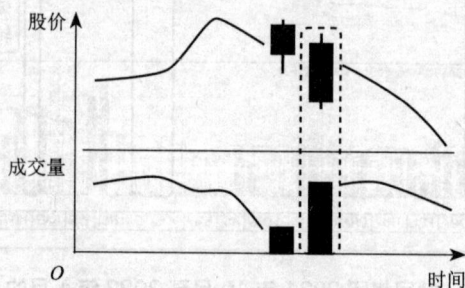

图 3-28　反转时的巨量阴线示意图

这里的反转既可以是上涨阶段见顶后的反转，也可以是整个上涨行情的反转，还可以是下跌途中的强势反弹结束时的反转。

不同位置的巨量阴线，传递出的信号基本都是看跌，但信号强度还是会根据股价的高度而有所变化。离起涨点越远的高位，反转时形成的巨量阴线就越可能是主力出货导致的，后市的下跌风险也就越大。因此，短线投资者无论在何种反转位置遇见巨量阴线，都应尽量出局避险。

下面来看一个具体的案例。

实例分析

苏州固锝（002079）反转时的巨量阴线实战应用

图 3-29 为苏州固锝 2022 年 4 月至 10 月的 K 线图。

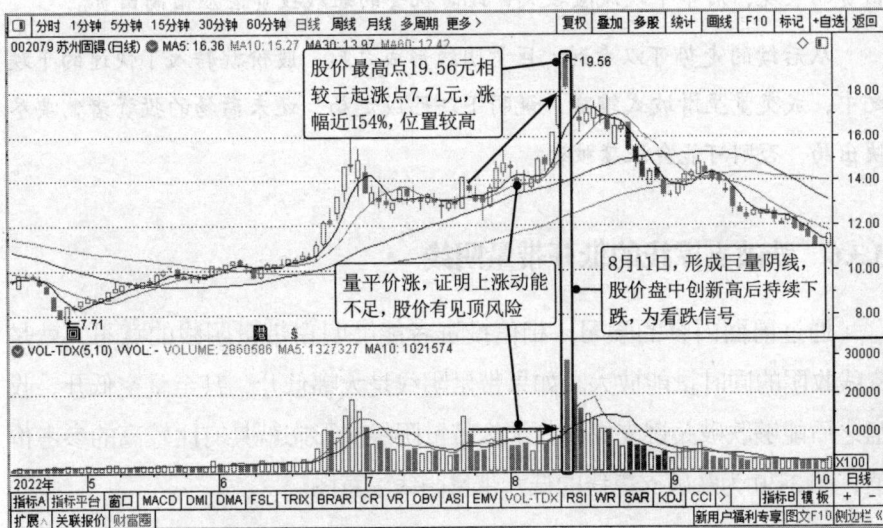

图 3-29　苏州固锝 2022 年 4 月至 10 月的 K 线图

从图 3-29 中可以看到，苏州固锝正处于涨跌行情的转势过程中。从 2022 年 4 月底开始，该股创出 7.71 元的阶段新低后就开始上涨，逐步将均线组合向上扭转，直至进入稳定的上涨行情之中。

6 月下旬，股价在量能持续放大的支撑下大大加快了上涨速度，短时间内就冲到了 16.00 元价位线附近。虽然后续形成了回调，但中长期均线的支撑力还是非常充足的，股价依旧整体向上。

7 月下旬，该股开始震荡上涨，阴阳线交错形成。但在此期间，成交量却并未提供更多的动力，而是整体走平，与股价之间形成了量平价涨的背离，传递出上涨动能不足、股价可能见顶的信号。

8月11日，该股在以19.50元的高价开盘后小幅上冲，创出19.56元的新高后拐头向下，开始了震荡式的下跌。该股当日最终以18.18元的价格收盘，形成一根长实体阴线。

观察成交量也可以看到，当日的成交数量达2 860 586手，相较于前一个交易日的900 936手，翻了3倍还多，与K线结合形成了巨量阴线的形态。再加上前期的量平价涨已经发出的见顶信号，此处的巨量阴线就可能是主力出货的表现，后市下跌风险较大，此时机警的短线投资者应借高出货。

从后续的走势可以看到，巨量阴线形成之后，股价就转入了快速的下跌之中，成交量呈滑坡式缩减，说明下跌已成定局，还未离场的投资者需要尽快出局，否则可能会深度被套。

3.3.6　跌破支撑线的低开带量阴线

通过前面内容的学习，相信投资者能够明白带量阴线的意思，就是K线收阴的同时量能放大。如果带量阴线是大幅低开，甚至跳空低开，收盘之后能够跌破关键支撑线，那么带量阴线的形态就具有比较高的参考价值，图3-30为跌破支撑线的低开带量阴线示意图。

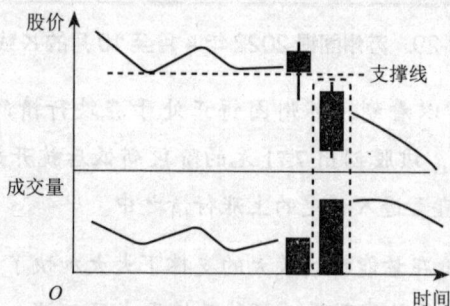

图3-30　跌破支撑线的低开带量阴线示意图

跳空低开与普通低开有所不同，它需要股价以低于前日最低价的价格开盘。低开带量阴线不要求跳空低开，只是跳空低开形成的卖出信号更为强烈而已，短线投资者千万不要等到跳空低开出现后才离场。

关于低开带量阴线需要跌破的支撑线，也有多种选择，比如中长期均线、整理形态的下边线和前期低点等，一旦带量阴线将其跌破，短线投资者就要立即出局避险。

下面来看一个具体的案例。

实例分析

木林森（002745）跌破支撑线的低开带量阴线实战应用

图 3-31 为木林森 2021 年 12 月至 2022 年 5 月的 K 线图。

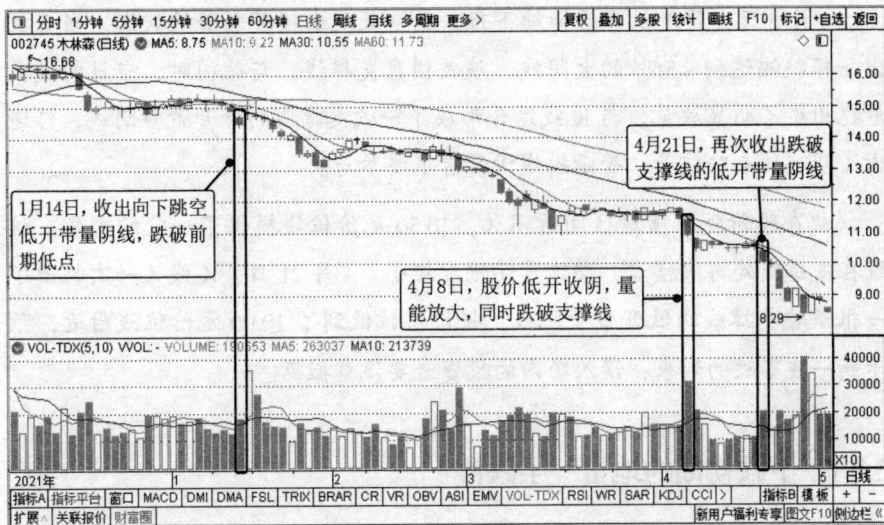

图 3-31　木林森 2021 年 12 月至 2022 年 5 月的 K 线图

从图 3-31 中可以看到，木林森正处于长期的下跌走势之中，期间形成了多个跌破支撑线的低开带量阴线，为短线投资者提供了一定的参考。

第一个跌破支撑线的低开带量阴线形成于 1 月 14 日，在此之前，该股先是跌至 15.00 元价位线上后长期横盘，整体震荡幅度较小，几乎无法为短线投资者带来什么收益。

当横盘走势运行到后期时，1 月 14 日该股收出的一根向下跳空的阴线，就将多空双方的平衡彻底打破。该阴线不仅向下跌破了 15.00 元价位线的支撑，还脱离了均线组合，运行到了 5 日均线之下。同时，当日的量能也有一定程度的放量，虽然幅度并不算大，但已经满足了带量的要求。

因此，前期入场的短线投资者在发现股价再度下跌后，就要及时撤离。而场外的投资者则不宜参与，毕竟股价在短时间内回暖的难度很大。

继续来看后面的走势。该股在跌到均线组合以下后，就长期保持在其下方运行，中长期均线持续向下运行，形成了下山滑坡的形态，更加证实了下跌行情的稳定性。

在经历了接近两个月的下跌→横盘→再下跌→再横盘的重复性走势后，该股于 3 月中旬跌到了 11.50 元价位线附近横盘。

4 月 8 日，股价低开后持续下行，盘中呈现出极度弱势的状态，当日收出一根跌幅达到 4.56% 的大阴线，跌破横盘支撑线。与此同时，当日的成交量也出现了明显放量，与 K 线结合形成了跌破支撑线的低开带量阴线，传递出了明确的看跌信号，警示短线投资者不要参与。

就在股价跌下横盘区间后不久，10.50 元价位线提供了一定的支撑，该股在支撑线处再次横盘，整体震荡幅度极小。4 月 21 日，K 线又一次收出了一根跌破支撑线的低开带量阴线，将价格拉低到了 10.00 元价位线附近，预示新一波下跌的到来，误入场内的投资者要注意撤离。

3.3.7 下跌初期的地量一字跌停

下跌初期的地量一字跌停，指的是形成于股价转向后，距离顶部位置不远处的一字跌停，当日成交量极度缩减，图 3-32 为下跌初期的地量一字跌停示意图。

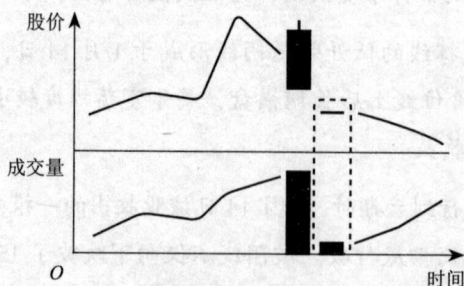

图 3-32 下跌初期的地量一字跌停示意图

地量一字跌停与地量一字涨停的形成原理类似，是因为盘中有大量卖单堆积在跌停价上，但很少有投资者愿意在一字跌停期间挂出买单，导致大量卖单无法交易，跌停只能一直延续下去，形成恶性循环。

由此可见，一字跌停也可能连续形成，极度缩减的量能会在整段成交量走势中缩出一个缺口。一字跌停持续时间越长，看跌信号就越强，如果短线投资者没能在一字跌停之前或期间抓紧时间撤离，就只能等到开板时第一时间止损卖出了。

下面来看一个具体的案例。

实例分析

亚联发展（002316）下跌初期的地量一字跌停实战应用

图 3-33 为亚联发展 2021 年 10 月至 2022 年 3 月的 K 线图。

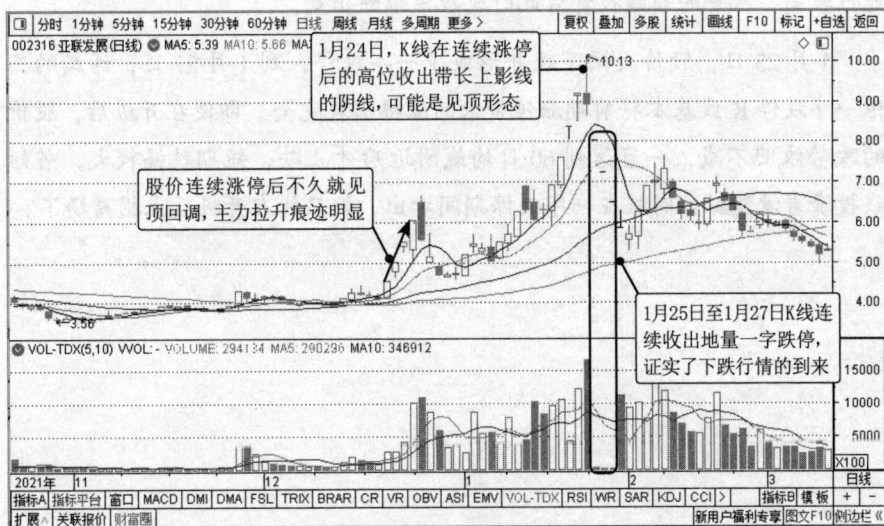

图 3-33　亚联发展 2021 年 10 月至 2022 年 3 月的 K 线图

从图 3-33 中可以看到，亚联发展正处于涨跌趋势的转换过程中。从 2021 年 10 月底开始，该股在创出 3.56 元的阶段新低后就转向上涨，经历了长时间的缓慢攀升后，终于逐步站到了均线组合之上。

12 月下旬，K 线突然连续收出了四根涨停阳线，短时间内就将股价从 4.00 元价位线附近拉到了 6.00 元价位线之上。

如此突兀的拉升，跟主力脱不了关系，那么这里就可以合理推断，前期股价的蛰伏和震荡都是主力低位吸筹的表现。只要能够确定有主力参与，投资者就要更加谨慎，毕竟不知道主力会在何时出货离场，一旦投资者没有跟上主力出货的步伐，就有可能被快速下跌的股价套住。

从后续的走势可以看到，该股在涨停开板后又继续上涨了一小段，小幅跃过 6.50 元后转而回调。12 月底，股价跌至 30 日均线上方不远处止跌，随后收阳回归上涨。

2022 年 1 月中旬，股价再次连续涨停，短短数日内就冲上了 9.00 元价位线以上。1 月 24 日，K 线收出一根带长上影线的阴线，盘中冲高回落走势明显，再加上此时价格已高，成交量在当日也表现出了放量，主力出货的可能性较高，机警的短线投资者此时就应该跟随出局。

1 月 25 日，股价大幅下跌并形成了一字跌停，到 1 月 27 日，连续的三根一字跌停 K 线基本将前期涨停带来的涨幅消耗完全。即便在开板后，股价的跌势依旧不减，一直落到 60 日均线附近后才止跌，短期跌幅较大，若短线投资者没能抓住时机在一字跌停期间卖出，就只能在开板后止损离场了。

第4章

分时做T：指标辅助超短线

T+0交易是一种当日买进、当日卖出的超短线操盘技术，因其资金进出的速度极快，T+0交易对投资者的决策速度和研判精准度要求也是比较高的。因此，超短线投资者有必要学习如何借助三大常用指标进行辅助分析，从而提高T+0交易的操盘成功率。

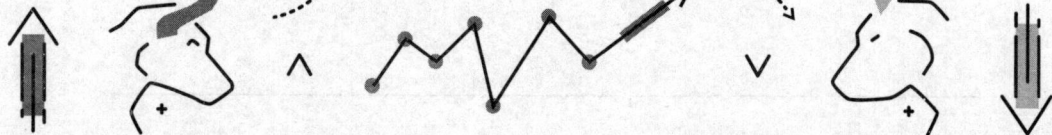

4.1　多指标如何指导顺向 T+0 交易

先来解释 T+0 交易的操作原理。投资者要知道，股市中有这样一条规定，T 日买进的股票，需要等到 T+1 日才能卖出，资金回笼后，当日就可以继续使用。

交易规则当然不能违背，那么当日买入、当日卖出的 T+0 交易又是如何实现的呢？很简单，只要投资者在 T 日之前任何一个交易日提前建仓，就可以在 T 日买入新一批筹码，然后再将前期买进的筹码卖出即可。注意，两批筹码的数量应当一致。

T+0 交易有两个方向，一是顺向 T+0，二是逆向 T+0。要区分二者也很简单，顺向 T+0 是先买后卖，也就是先低吸后高抛，常用于上涨趋势之中；逆向 T+0 是先卖后买，也就是先高抛后低吸，常用于下跌趋势之中。

本节要重点介绍的，就是如何利用 MACD 指标、MA 指标和 VOL 指标对超短线 T+0 交易进行指导，帮助投资者更高效地找到买卖点，尽量扩大单日收益。

4.1.1　分时图中的指标设置

既然要当日买进、当日卖出，投资者就要进入分时图中进行分析，但大多数炒股软件在默认情况下都不会在分时图中显示除成交量和均价线以外的指标。因此，投资者有必要先了解如何在分时图中设置更多的指标窗口，以及如何切换指标。

分时图主要分为历史分时图和当日实时分时图两种，两种分时图的指标设置稍有差异，下面先来介绍历史分时图的指标设置方法。

投资者进入个股的 K 线图中后，双击任意历史 K 线进入历史分时图中，选择右下角的"操作"命令，在弹出的菜单中选择"分时副图指标"命令，在弹出的子菜单中选择"1 个指标窗口"选项，具体的操作如图 4-1（上）

所示。经过上述操作就可以增加一个副图指标窗口，增加后的效果如图 4-1（下）所示。

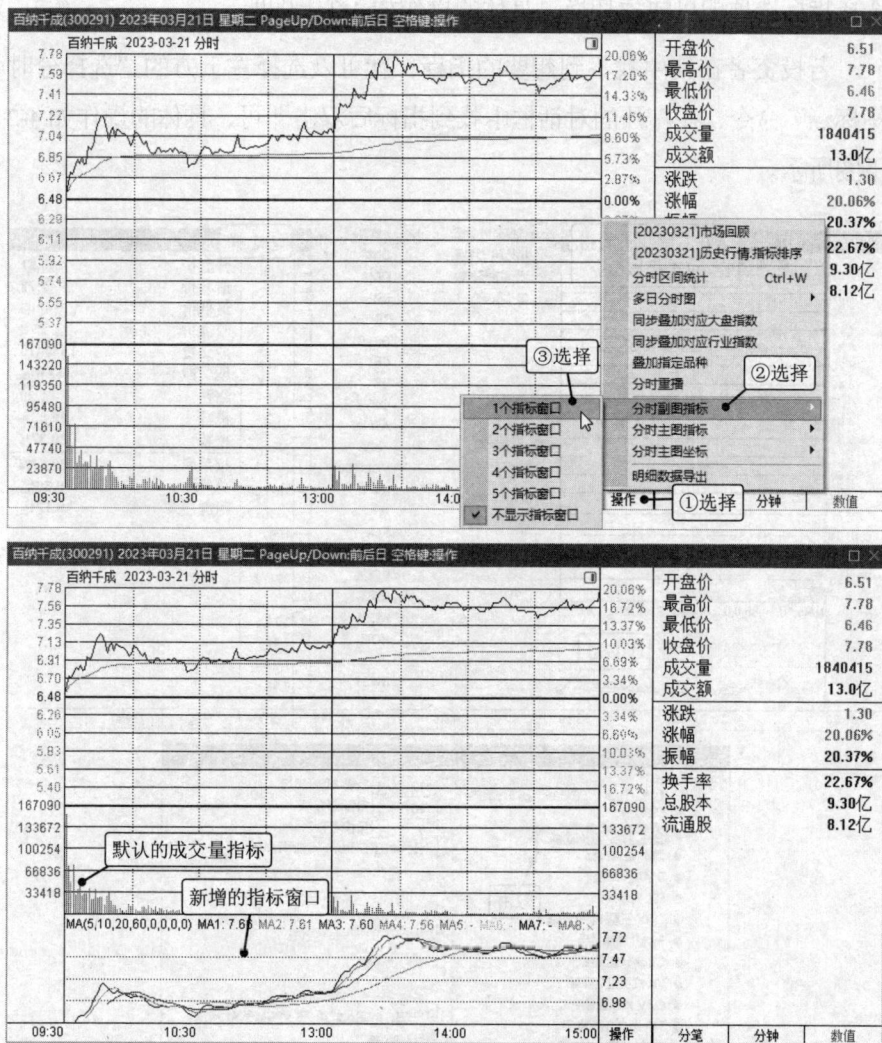

图 4-1 历史分时图中的副图指标设置

从图 4-1（上）可以看到，分时图中也是支持设置主图指标的。但由于股价在分时图中表现为一条震荡频繁的黑色线条，不像 K 线那般能够与技术指标中的线条区分开来，因此二者叠加起来会显得比较混乱，反而不利于投资者观察，这里就不介绍这种叠加方式的设置了。

切换副图指标也很简单，右击副图指标窗口中空白处，弹出的菜单右侧会显示一些常用的指标，比如 MACD 指标、VOL 指标和 KDJ 指标等，选择指标选项即可快捷切换，具体的操作如 4-2 上图所示。

若投资者在其中找不到想要的指标，就可以选择左上方的"选择分时指标…"命令，在打开的对话框中找到指标后双击即可，具体的操作如 4-2 下图所示。

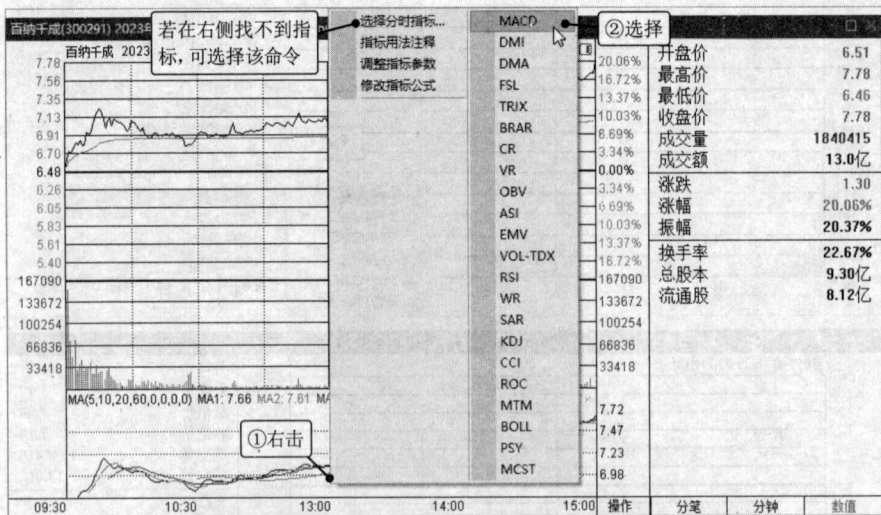

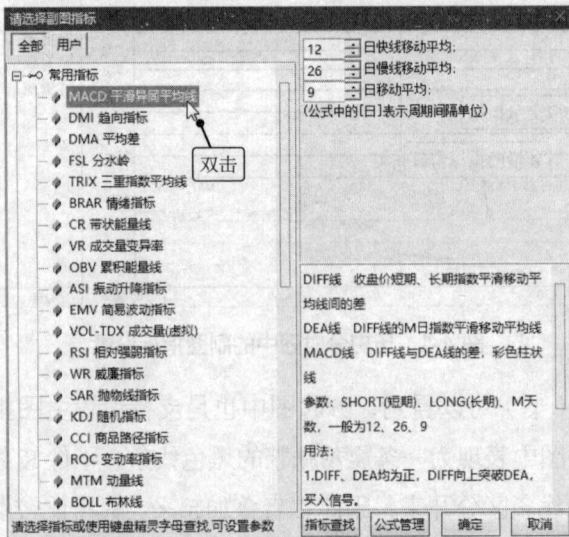

图 4-2　历史分时图中的副图指标切换

如果是当日实时分时图，设置起来就更加简单了。投资者进入某个股 K 线图界面后，按【F5】键可快速切换至当日实时分时图中，选择右下角的"指标"选项，在弹出的面板中选择想要的指标窗口数量即可，具体操作如图 4-3 所示。

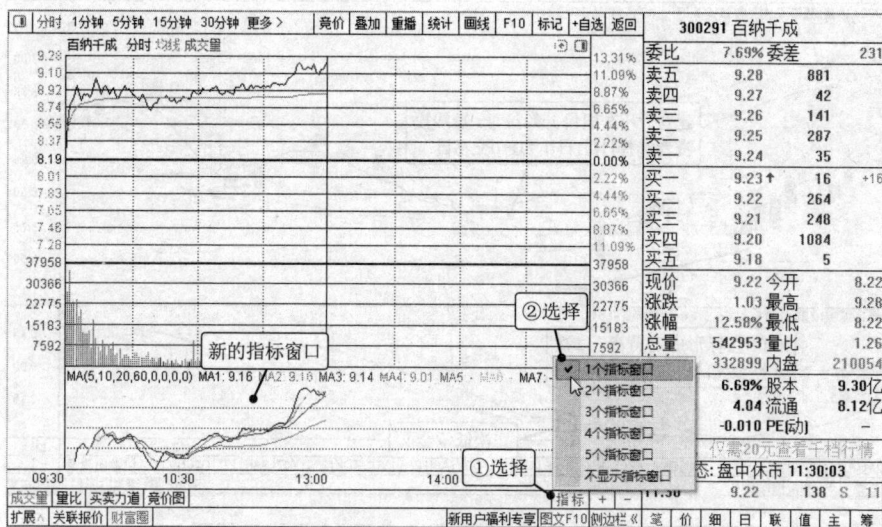

图 4-3　当日实时分时图中的副图指标设置

除此之外，其他关于指标的切换方法与历史分时图中一致。

4.1.2　MACD 指标双金叉共振

MACD 指标的双金叉共振，指的并不是在分时图中表现出的二次金叉，而是 K 线图和分时图中分别形成的两个金叉。

投资者需要通过分析 K 线走势来确定建仓点和 T+0 交易点。MACD 指标先在 K 线图中形成一个金叉，预示积极的上涨趋势到来，超短线投资者借助该金叉找到合适的建仓点和 T+0 交易点后，就可以进入分时图中，再次借助 MACD 指标形成的金叉来寻找 T+0 交易日中的买点。K 线图金叉与分时图金叉形成共振，能够有效提高操盘成功率。

下面来看一个具体的案例。

实例分析

唐德影视（300426）MACD 指标双金叉共振指导做 T

图 4-4 为唐德影视 2022 年 9 月至 12 月的 K 线图。

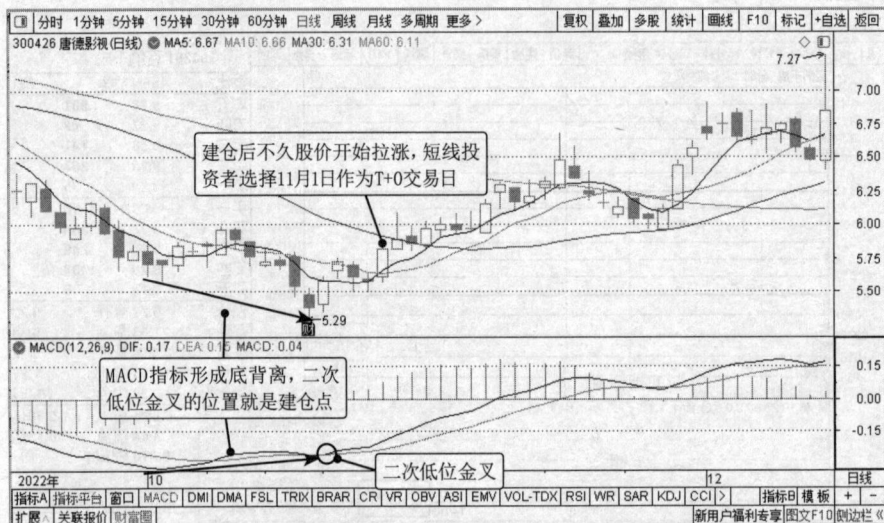

图 4-4　唐德影视 2022 年 9 月至 12 月的 K 线图

从图 4-4 中可以看到，2022 年 9 月，唐德影视正处于下跌状态中，均线组合呈空头排列压制在 K 线之上。随着股价的长期下跌，MACD 指标也逐步深入 0 轴以下。

10 月初，该股在 5.75 元价位线附近止跌，随后小幅反弹，带动 MACD 指标线向上转向，形成了一个低位金叉。但由于 6.00 元价位线处的压制力比较强劲，股价暂时没能将其突破，转而回归下跌之中。与此同时，MACD 指标线也再度向下，DIF 与 DEA 逐渐靠拢。

到了 10 月底时，该股跌破 5.50 元价位线，并创出了 5.29 元的阶段新低。不过就在创新低的次日，股价就大幅收阳回升了，MACD 指标跟随再次拐头向上，DIF 上冲 DEA 形成了二次低位金叉。不仅如此，DIF 的低点相较于前期有所抬升，与低点下移的股价形成了底背离形态，传递出了明确的见底含义，说明后市有上涨的可能。

结合K线的大幅收阳，短线投资者有理由相信后市是看涨的，那么就可以抓紧时间在MACD指标的二次低位金叉附近建仓，准备顺向做T。

该股在收阳回升了两个交易日后小幅下跌整理，低点在5.50元价位线上得到支撑，随后于11月1日再次高开，呈现出继续上涨的迹象。此时，短线投资者就可以尝试着介入其中进行操作。

图4-5为唐德影视2022年11月1日的分时图。

图4-5　唐德影视2022年11月1日的分时图

在11月1日的分时走势中，可以看到股价在高开后震荡了一段时间，随后转入了下跌之中，股价线逐步靠近前日收盘价。MACD指标线也在其带动下深入空方市场，表现出了短暂的颓势。此时，短线投资者可以不着急操作，避免当日股价长期走弱，顺向做T失败。

接近10:00时，该股跌至前日收盘价附近后减缓了跌速，随后在其附近横向小幅震荡。MACD指标此时已经拐头向上并走平了，与股价形成了并不明显的底背离，说明价格在未来有回升的可能，投资者可给予关注。

10:00左右，股价开始迅速向上抬升，短短数分钟内就突破到了均价线之上，呈现出了明确的上升走势。与此同时，MACD指标也在形成一个低位金叉后迅速配合上行，代表着市场的积极性较高。此时，短线投资者就可以抓住机会伺机在低位买进，降低成本。

在买进后，投资者可耐心持股。从股价的走势也可以看到，当日的上涨趋势还是比较稳定和积极的，尤其是在下午时段，股价涨速愈发加快，直到接近尾盘时才有所收敛。

进入尾盘后，股价基本就在 5.79 元到 5.84 元的价格区间内横向震荡了。随着收盘时间的临近，股价很难再有更好的表现，此时短线投资者就可以将前期持股抛售，完成此次顺向 T+0 交易。如果投资者操作得好，当日就能收获 4% 左右的涨幅收益，性价比非常高。

4.1.3　MACD 柱状线拉长

MACD 柱状线拉长主要分为红线拉长和绿线拉长两个方向，其含义在第 1 章中已经详细解释过了，这里不再赘述。

若投资者能够在 K 线图中 MACD 柱状线绿转红时建仓，在 MACD 红柱持续拉长的过程中顺向做 T，盈利的概率还是比较大的。

而在分时图中，MACD 红柱的拉长也是判定买点的重要参考。待到股价上涨到合适的位置，MACD 柱状线由红转绿，并持续向下拉长时，投资者就可以将前期持股抛售，完成 T+0 交易了。

下面来看一个具体的案例。

实例分析

朗特智能（300916）MACD 柱状线拉长指导做 T

图 4-6 为朗特智能 2022 年 7 月至 9 月的 K 线图。

从图 4-6 中可以看到，朗特智能的趋势性很明显，这一点从长期保持上扬走势的中长期均线也可以看出。MACD 指标在这种长期趋势的带动下也一直在 0 轴之上运行，呈现出积极的状态。

2022 年 7 月中旬，该股在 60.00 元价位线附近受阻后开始回调，一直落到了 60 日均线上才止跌，随后开始收阳回升。此时，MACD 指标中的 DIF 还处于 DEA 之下，不过伴随着股价的上涨，DIF 已经在逐步向上靠近 DEA，MACD 绿柱在缩短。

8 月中旬，MACD 柱状线终于由绿转红，K 线也收出阳线，预示着拉升可能即将来临，投资者可在此建仓，准备做 T。

8 月 18 日，股价高开后有继续高走的迹象，短线投资者可将其定为顺向做 T 的交易日。

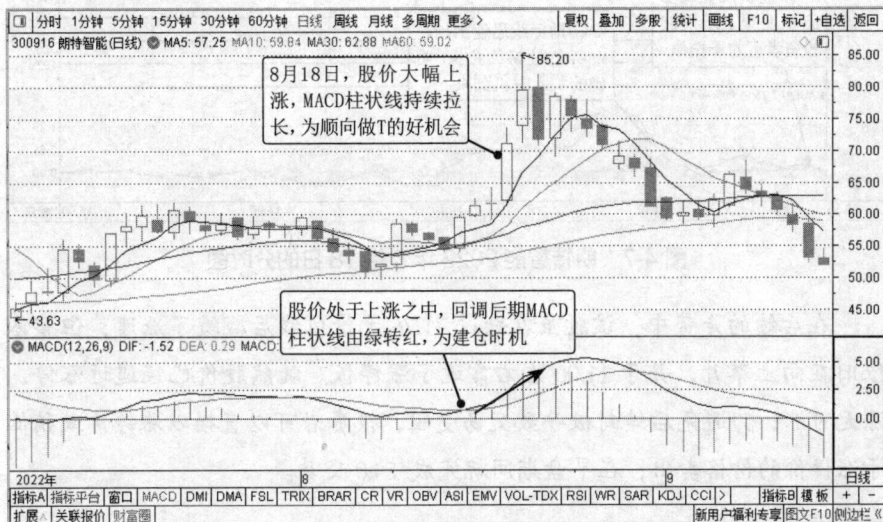

图 4-6　朗特智能 2022 年 7 月至 9 月的 K 线图

下面进入当日分时图中，来分析此次应当如何操作。

图 4-7 为朗特智能 2022 年 8 月 18 日的分时图。

在 8 月 18 日的分时走势中，股价开盘后就出现了上涨迹象，MACD 指标线运行到 0 轴之上，不过由于股价涨速尚缓，MACD 红柱拉长的形态并不是特别明显，谨慎的投资者可继续观望。

在震荡了半个多小时后，股价运行到了均价线之上，不过依旧在 65.61 元价位线附近受到了一定的阻碍横盘。10:15 之后，股价突然加快了上涨速度，几分钟后就成功突破到了压力线之上，并带动 MACD 指标线迅速上升，

MACD 红柱持续拉长，明确的买入时机到来了。

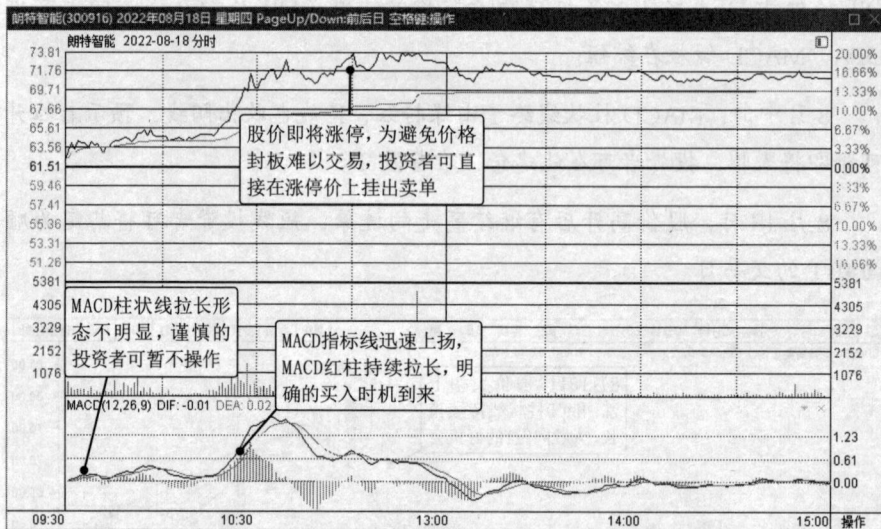

图 4-7　朗特智能 2022 年 8 月 18 日的分时图

在后续的走势中，该股虽在跃过 71.76 元价位线后减缓了涨速，但整体依旧在向上攀升，并于 11:00 左右靠近了涨停板。既然股价已经逼近涨停，涨无可涨，为避免后续封板导致交易受阻，投资者可以直接以涨停价或稍低于涨停价的价格卖出，在早盘期间就完成 T+0 交易。

4.1.4　MA 指标对股价形成支撑

在分时图中存在一条均价线，与 MA 指标同根同源，表示的是当日开盘后截至目前的股票平均价格。

这一条均线确实可以单独使用，并为超短线投资者做 T 提供一定的助益，不过为保证准确性和信息丰富性，投资者还是可以将均线组合放到副图指标窗口中观察。分时图中的均线组合，自然就是 5 分钟均线、10 分钟均线、30 分钟均线和 60 分钟均线的组合了。

在 K 线图中，如果股价能够向上穿越均线组合，得到其支撑后继续上涨，投资者就可以在合适的位置建仓。在分时图中同样如此，若股价线在均价线的支撑下持续上行，投资者就可以执行买入操作。

下面来看一个具体的案例。

实例分析

图南股份（300855）MA 指标支撑股价上涨指导做 T

图 4-8 为图南股份 2021 年 8 月至 11 月的 K 线图。

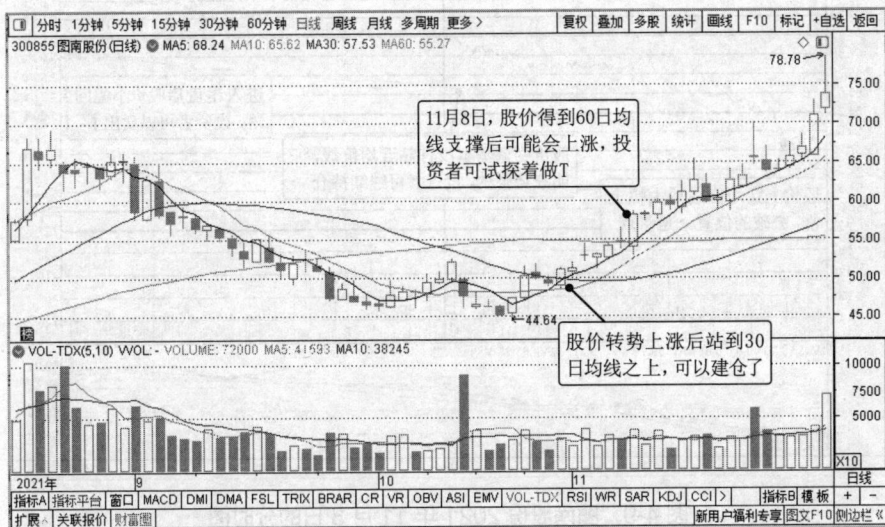

图 4-8　图南股份 2021 年 8 月至 11 月的 K 线图

从图 4-8 中可以看到，图南股份正处于涨跌趋势转换的过程中。中长期均线的长期上行走势，意味着图南股份前期还是经历了一波幅度较大的上涨。待到回调结束，股价回归上涨，投资者就可以借助中长期均线对股价的支撑作用寻找合适的建仓点和 T+0 交易点。

10 月初，股价跌至 45.00 元价位线附近后止跌横盘，期间也形成了一次比较积极的上涨，但在 30 日均线的压制下，股价还是转入下跌之中。

直到 10 月底，股价跌至 44.64 元的位置后止跌再次收阳上升，数日后成功突破到了 30 日均线之上，并在回踩后确认了下方的支撑力，回踩的低点就是很好的建仓点。

建仓完成后，投资者就要考虑寻找合适的 T+0 交易点了。既然 30 日均线已经被突破，那么下一个操作点就可以定在 60 日均线被突破的位置。11 月 8 日就正好是股价突破 60 日均线后得到支撑的交易日，投资者可以选择在当日进行顺向 T+0 交易。

图 4-9 为图南股份 2021 年 11 月 8 日的分时图。

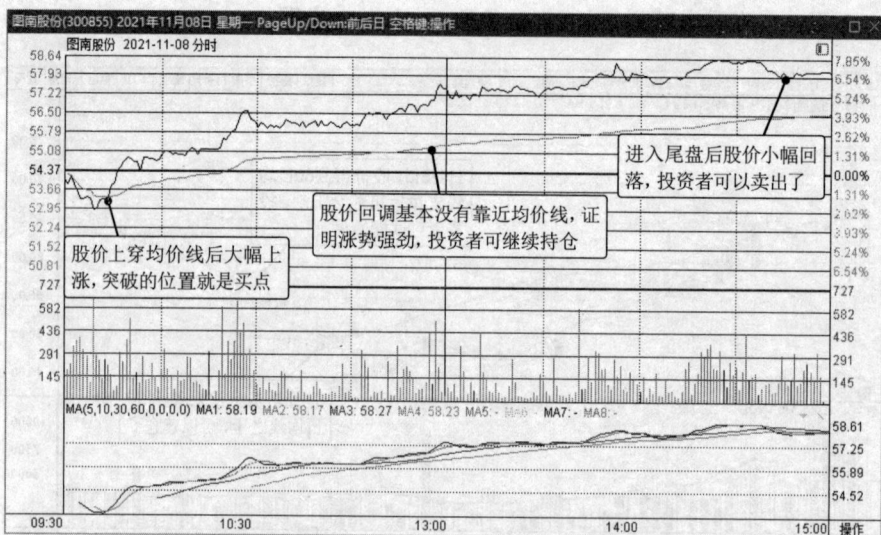

图 4-9　图南股份 2021 年 11 月 8 日的分时图

在 11 月 8 日的分时走势中，股价开盘后的初始走势并不算积极，价格一路在均价线的压制下滑落至 52.95 元价位线上，止跌后开始回升。

一旦股价开始上涨，涨势就非常快，几分钟之内就冲破了均价线的压制，并很快向上远离了均价线，说明短期涨势迅猛，一直在观望的投资者此时就可以抓住时机买进了。

在后续的一段时间内，股价线长时间运行在均价线之上，并且距离甚远，证明涨势积极，场内大部分投资者都在盈利。再看副图窗口中的均线组合，也呈现出了长期上行的走势，投资者可以继续持仓。

进入尾盘后，股价小幅回落到 57.93 元价位线上，随后保持横盘。均线组合也有收敛走平的迹象，说明股价的收盘价可能就在该价位线附近，不会再有更大的涨幅，投资者可以卖出实现做 T 了。

4.1.5　MA 指标向上发散

在 K 线图中，均线组合向上的发散能够帮助投资者确定上涨趋势，进而找到合适的买入时机；在分时图中，均线组合向上的发散也能够为投资者提供买点的参考。当然，这时投资者需要重点关注的就是副图窗口中的 MA 指标了。

一般来说，当均线组合由黏合转为发散的当时，投资者就可以建仓了。不过，为了保证上涨趋势的稳定和研判的准确性，投资者还是可以等到发散形态彻底稳定后再伺机操作。在分时图中也是一样，投资者需要把握好买入成本与下跌风险之间的平衡。

下面来看一个具体的案例。

实例分析

世运电路（603920）MA 指标向上发散指导做 T

图 4-10 为世运电路 2020 年 9 月至 12 月的 K 线图。

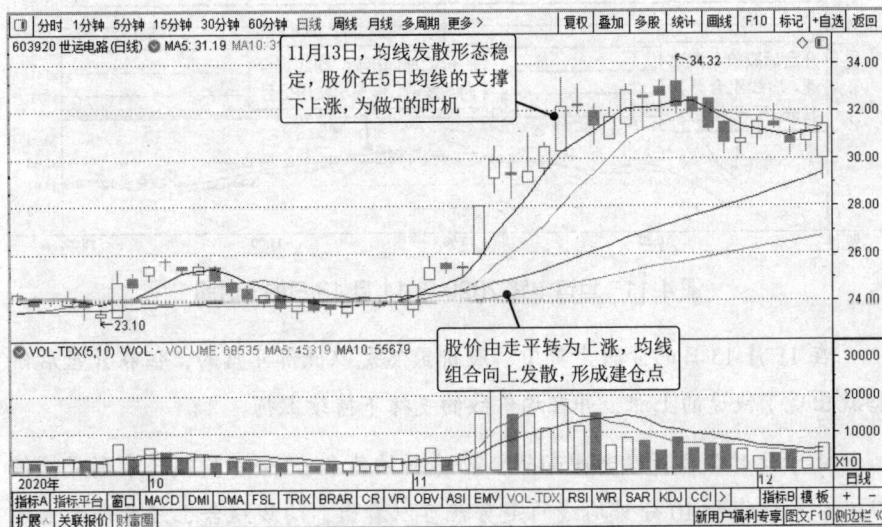

图 4-10　世运电路 2020 年 9 月至 12 月的 K 线图

从图 4-10 中可以看到，世运电路正处于上涨行情之中。2020 年 9 月到

10 月，股价长期被压制在 26.00 元价位线下方横盘运行，均线组合大部分时候都黏合在一起。

进入 11 月后，K 线就开始大幅收阳，在 26.00 元价位线下方停滞两个交易日后果断上冲，成功突破了该压力线。与此同时，急速上升的股价也带动均线组合向上发散，拉升走势初现端倪，短线投资者可果断建仓。

随着价格的上涨，均线组合的发散形态更加稳定了，发散的角度也逐日加大，证明股价正在积极向上攀升。那么投资者就可以选择一个合适的时机做 T，11 月 13 日就是一个不错的交易日。

图 4-11 为世运电路 2020 年 11 月 13 日的分时图。

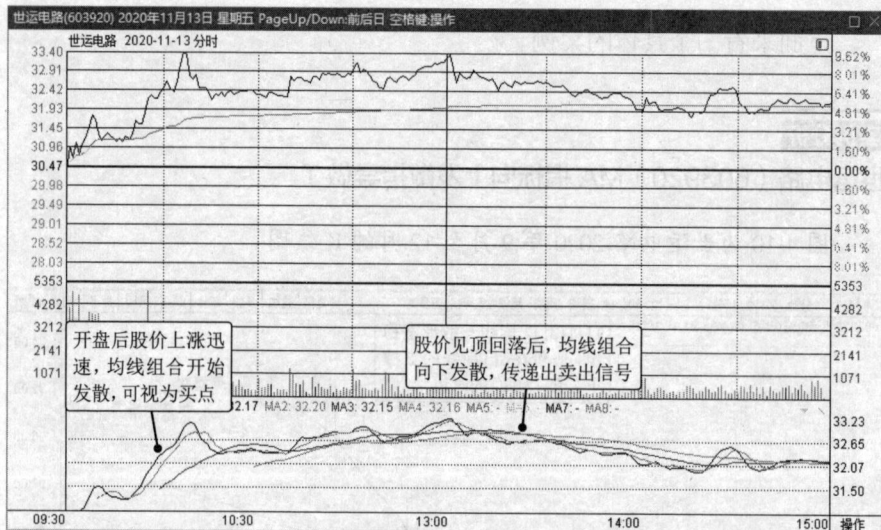

图 4-11　世运电路 2020 年 11 月 13 日的分时图

在 11 月 13 日的分时走势中，股价虽然是以低价开盘的，但在开盘后价格就出现了快速的上涨，并在均价线的支撑下持续上扬。

由于此时距离开盘时间尚短，30 分钟均线和 60 分钟均线还未形成，但从 5 分钟均线和 10 分钟均线的走势就可以看出，均线组合已经开始向上发散了，进一步证实了趋势的积极性。此时，投资者就可以抓住时机买进。

从后续的走势可以看到，10:06 左右，股价就冲到了 33.40 元价位线附近，在此受阻后拐头向下，形成回调。不过，此次下跌幅度不算太大，股价在 32.42 元价位线附近得到支撑后横盘了一段时间，随后继续缓慢向上攀升，投资者还可以继续持仓。

临近早间收盘时，股价已经来到了接近前期高点的位置，但并未突破。下午时段开盘后，股价却在短暂上冲后迅速下跌，持续向下靠近均价线。

再看均线组合，也可以发现四条均线都有向下转向并发散的迹象。结合股价二次上冲不破前期高点的走势，未来的价格可能不会再创新高，那么短线投资者就可以在此卖出，完成 T+0 操作了。

4.1.6 早盘天量大幅上涨

先来解释单日分时走势中交易时间的分段。

一般来说，人们都将 9:30 ~ 11:30 的交易时间称作早盘，但有些时候，也会将 9:30 ~ 10:00 这半个小时称为早盘；尾盘则比较明确，大部分时候都指临近收盘的半个小时，也就是 14:30 ~ 15:00；盘中就相对宽泛了，说法各有不同，不过大多是指除去开盘后半小时和尾盘前半小时的其他交易时间，也就是 10:00 ~ 11:30，以及 13:00 ~ 14:30 这三个小时。

那么，早盘天量大幅上涨指的就是在早盘时间内，成交量放出巨幅量能，推动股价在短时间内大幅上涨至较高位置的形态。天量推涨的时间越短，涨幅越大，股价线上冲的角度越陡峭，买入信号就越强烈。

这说明盘中有大笔资金注入，越是强势的上涨，就越有可能是主力参与的结果。无论主力是打算借高出货还是拉升盈利，当日的上涨趋势都是比较确定的，超短线投资者可参与做 T。

至于前期的建仓点，投资者依旧可以根据 K 线图中的成交量来分析。比如拉升初期的巨量阳线就是很好的建仓机会，等到拉升趋势稳定下来，分时图中又出现早盘天量大幅上涨，做 T 的成功率会比较高。

下面来看一个具体的案例。

实例分析

蓝色光标（300058）早盘天量大幅上涨指导做 T

图 4-12 为蓝色光标 2021 年 9 月至 12 月的 K 线图。

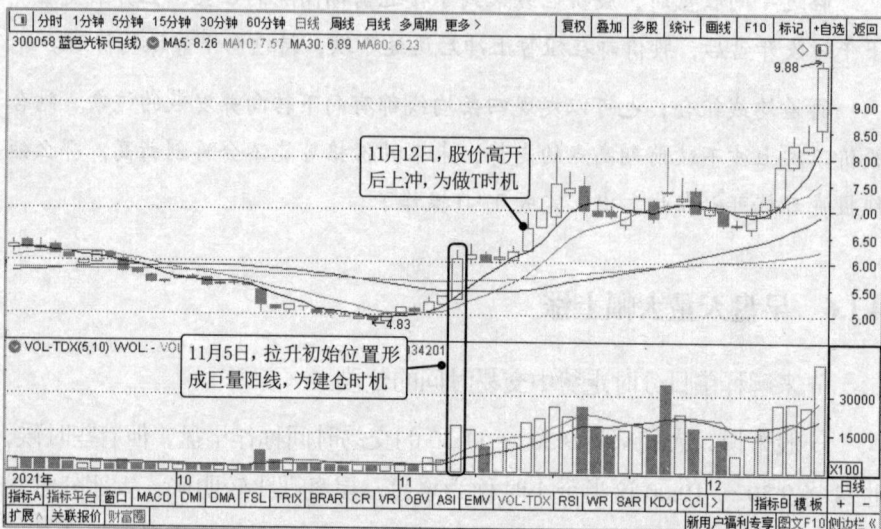

图 4-12　蓝色光标 2021 年 9 月至 12 月的 K 线图

从图 4-12 中可以看到，2021 年 9 月到 10 月，股价还处于下跌之中，K 线收阴向下穿越中长期均线后被压制下行，一直落到 5.00 元价位线附近才止跌横盘。

10 月底，股价创出 4.83 元的新低后拐头向上，开始了缓慢的攀升。成交量同一时期也出现了配合的小幅放量，只是幅度较小，引不起市场的关注。

11 月 5 日，股价开盘后持续高走，在均价线的支撑下越涨越高，直至收盘时，已经有了 13.46% 的涨幅。再加上当日量能急剧增长，已经是前一日成交数量的数倍之多，二者结合形成了巨量阳线的形态，传递出拉升即将到来的信号，短线投资者可在此果断建仓。

建仓完成后，投资者就要寻找合适的 T+0 交易日了。11 月 5 日之后，股价在 6.00 元价位线上方受到了一定的阻碍形成横盘，到 11 月 12 日时，股价高开后迅速高走，反应快的投资者已经意识到了做 T 时机的到来，迅速进入分时图中寻找买卖点。

图 4-13 为蓝色光标 2021 年 11 月 12 日的分时图。

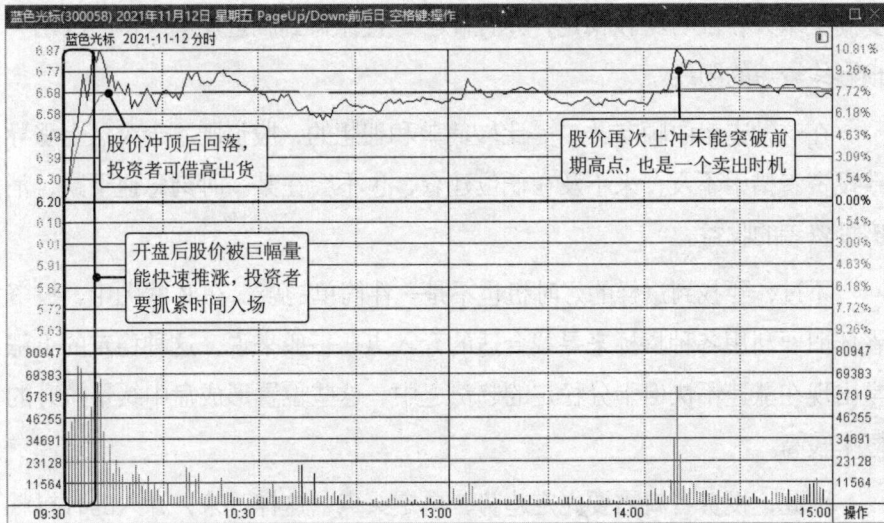

图 4-13 蓝色光标 2021 年 11 月 12 日的分时图

从 11 月 12 日的分时走势中可以清晰地看到，股价在开盘后就在巨幅量能的推动下急速大幅上涨，短时间内涨速极快，股价线几乎呈斜线上冲，短短几分钟实现的涨幅就超过了 6%。此时，投资者就必须及时反应过来，迅速在相对低位买进，越快建仓越能降低持仓成本，扩大后期收益。

从后续的走势可以看到，9:38 左右，股价就已经冲到了 6.87 元价位线附近，涨幅接近 10.81%。价格在此受阻后停留了几分钟，突破失败后无奈下跌，短时间内的跌势也比较快，说明这波上涨到顶了。

不过，在无法判断后市是否还有上涨空间的情况下，短线投资者可以就此卖出，结束做 T，也可以继续观察一段时间，看是否有更好的卖点。

在后续较长的交易时间内，股价长期在 6.68 元价位线附近横向震荡，看似不会有更好的表现了。但在 14:00 之后，股价再次快速上涨，来到了前期高点附近，不过这次也没有突破成功，价格迅速拐头向下，证实了这一价位线的压制力较强，此时还在观望的投资者不要犹豫，应及时在此卖出兑利，实现做 T。

4.1.7 盘中缓量拉升

盘中缓量拉升指的是在盘中交易时段，成交量分段放量，推动股价逐步向上攀升，涨势比较稳定，并且能够一直保持到临近尾盘，K 线收出一根影线较短的阳线。

在这种走势中顺向做 T 是比较简单和理想的，股价既不会突然上涨导致投资者措手不及，来不及在低位建仓，也不会在某一时刻急速下跌，消磨投资者的收益。

不过，要找到这样的好时机也不是一件简单的事，在 K 线图中，投资者依旧要利用各种指标来寻找合适的介入点。一般来说，这种稳定的上涨常出现在涨速不快但十分稳定的趋势之中，这些位置形成盘中缓量拉升的概率较高。

因此，投资者就需要先定趋势，再定买点，这样一来，介入的时机就不能草率决定。这种一步步规划的操作方式，比较适合稳健型的投资者。

下面来看一个具体的案例。

实例分析

传音控股（688036）盘中缓量拉升指导做 T

图 4-14 为传音控股 2019 年 12 月至 2020 年 2 月的 K 线图。

从图 4-14 中可以看到，传音控股正处于上涨行情之中。从 2019 年 12 月初开始，股价就已经转入上涨趋势了，刚开始的涨速还很慢，到了 12 月底时，K 线收阳的幅度明显加大，股价开始带动均线组合向上发散，并在 5 日均线的支撑下稳步向上攀升。

在这种积极的状态下，短线投资者就可以伺机建仓，然后寻找合适的时机做 T 了。

1 月中旬，股价经过一次小幅回调后再次加快上涨步伐，虽然量能也有相应放大，但并未持续太久，说明股价后续可能就要转入横盘或下跌，不过短时间内的上涨趋势还能保证，超短线投资者可以继续寻找时机。

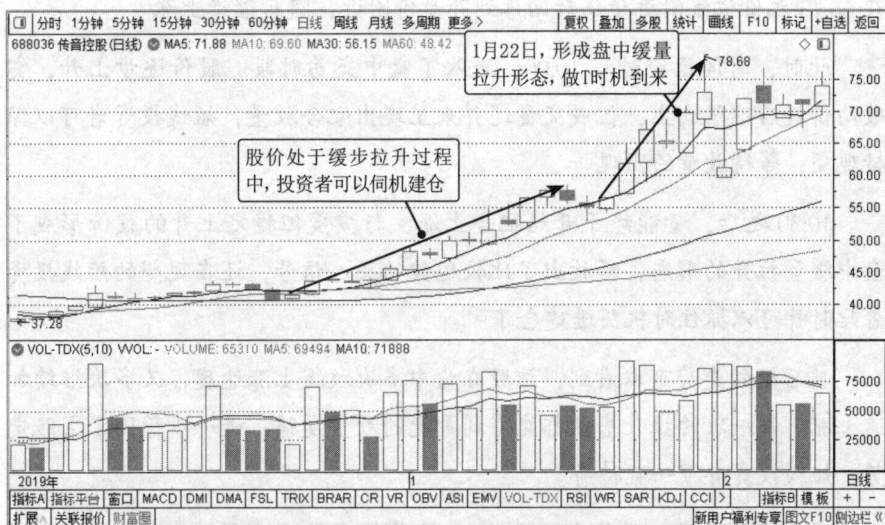

图 4-14 传音控股 2019 年 12 月至 2020 年 2 月的 K 线图

图 4-15 为传音控股 2020 年 1 月 22 日的分时图。

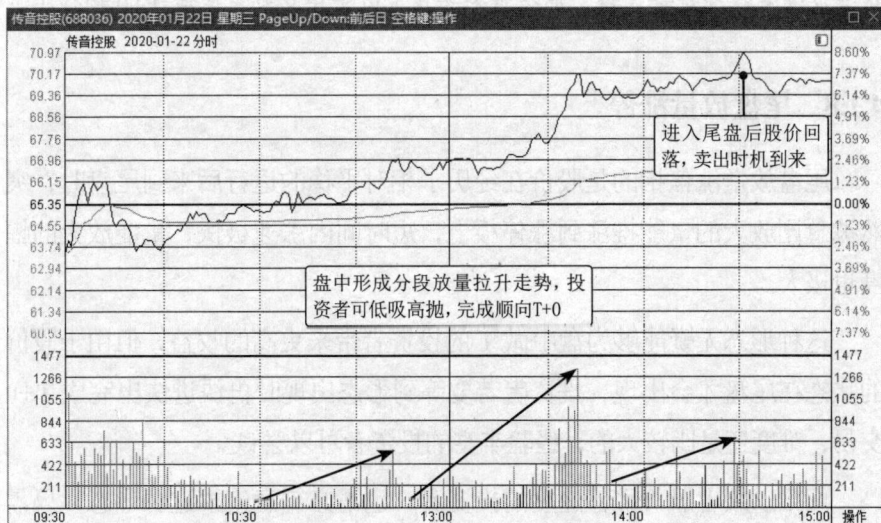

图 4-15 传音控股 2020 年 1 月 22 日的分时图

1 月 22 日正是股价加快涨速后的一个交易日，从当日的分时走势可以看到，该股当日虽是以低价开盘，但开盘后几分钟内就有过一次积极的上冲，在 66.15 元价位线附近受压后回落到开盘价附近，随后继续上涨。

此时，时间已经过了 10:00，进入了盘中交易时段。股价逐步上升，突破均价线后继续向上，但成交量还并未呈现出配合放量，短线投资者可以保持观望，等待放量的出现。

10:30 之后，量能终于开始配合上涨，与缓慢但稳定上升的股价形成了盘中缓量拉升的形态，释放出了比较稳健的买入信号，还在观望的短线投资者此时就可以抓住时机买进建仓了。

从后续的走势可以看到，该股在盘中多次放缓上涨速度，又多次继续加速上涨。每一次的拉升基本都能得到量能的放量支撑，进一步稳固了上涨走势，短线投资者可一直持有。

直到临近尾盘，股价上涨至 70.97 元价位线附近后受阻，形成了一次幅度较大的回调，落到了 69.36 元价位线上才止跌回升，但上涨高点被限制在了 70.17 元之下。再加上收盘时间已经临近，股价的上涨空间不会太大，成交量也没有继续放量支撑，那么投资者就可以卖出兑利，完成 T+0 操作了。

4.1.8 尾盘放量涨停

尾盘放量涨停指的是股价在经历了相对平稳的运行后来到尾盘时，突然被急剧放大的量能推涨到涨停板上，短时间内涨速极快，量能放大的幅度也极大。

这种形态无疑能够为盘中做 T 的投资者带来更高的收益，但由于股价的状态在尾盘才会出现，投资者若要等到形态出现时再快进快出完成 T+0 交易，难度还是比较大的，经验丰富的投资者可以尝试。

而难以跟上股价涨停速度的投资者，也不必刻意追求这种形态，只需要知道分时图中有尾盘放量涨停形态存在，明白当形态出现时如何操作能够更好地扩大收益即可。

下面来看一个具体的案例。

掌阅科技（603533）尾盘放量涨停指导做 T

图 4-16 为掌阅科技 2020 年 3 月至 6 月的 K 线图。

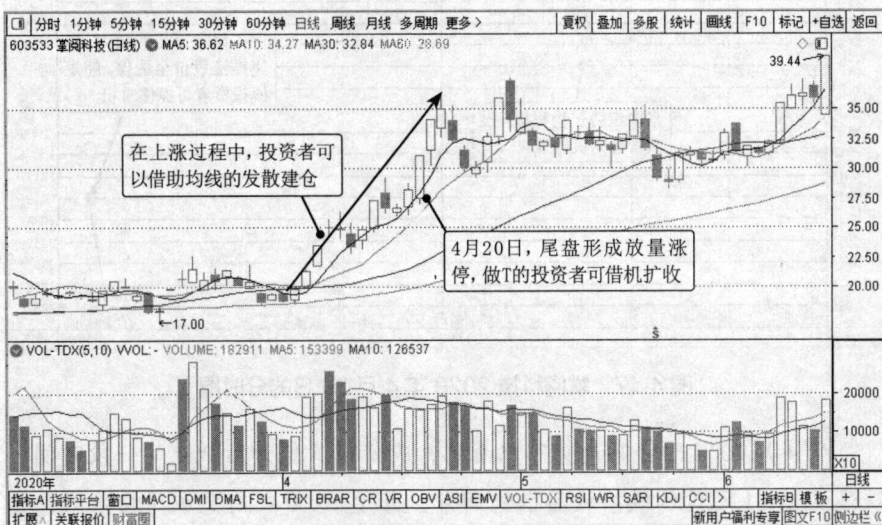

图 4-16 掌阅科技 2020 年 3 月至 6 月的 K 线图

从图 4-16 中可以看到，2020 年 3 月，掌阅科技还在 20.00 元价位线附近小幅震荡，均线组合黏合在一起。在此期间并没有很好的做 T 时机，许多短线投资者还是在场外观望。

进入 4 月后，K 线开始大幅收阳上涨，骤然加快的涨速带动均线组合迅速向上发散开来，呈现出了拉升开启的状态。此时，短线投资者就可以伺机在低位建仓，准备做 T。

在后续的上涨过程中，K 线多次收出长实体阳线，给短线投资者带来了丰富的做 T 机会。而在 4 月 20 日这一天，股价于尾盘期间形成了放量涨停的形态，大大增加了当日做 T 投资者的收益。

下面就来仔细看看当日的走势如何。

图 4-17 为掌阅科技 2020 年 4 月 20 日的分时图。

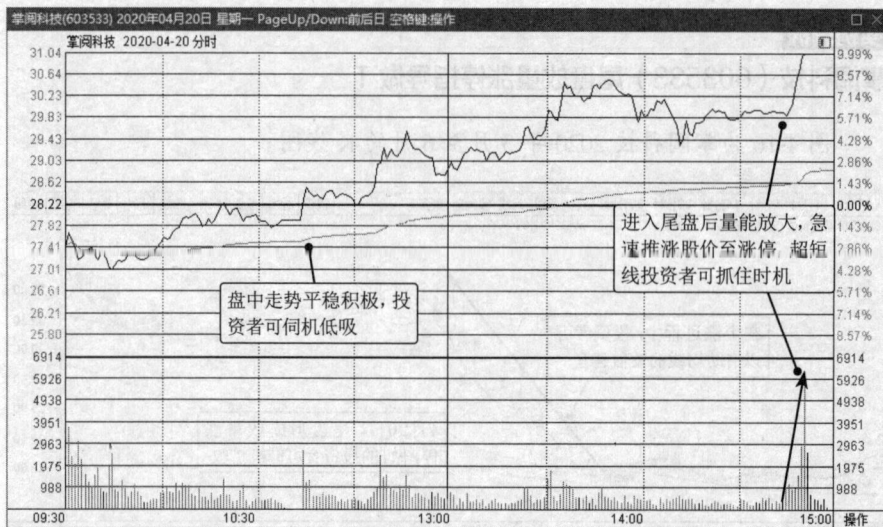

图 4-17　掌阅科技 2020 年 4 月 20 日的分时图

　　从 4 月 20 日的分时走势可以看到，股价当日低开后低走了一段时间，跌落至 27.01 元价位线附近后很快回升，并于 10:00 之前突破了均价线，开始快速向上运行。

　　在后续较长一段时间的走势中，该股长期保持着积极向上的运行状态，为短线投资者提供了丰富的买入机会。尽管此时投资者还无从知晓尾盘放量拉升的形态是否会出现，但这种上涨走势无疑很适合顺向 T+0 交易，盘中有许多超短线投资者在低吸高抛也不奇怪。

　　临近尾盘时，股价相较于前期已经有所回落，维持在 29.83 元价位线附近横盘。进入尾盘后不久，成交量开始持续放量，股价也在其推动下突然加速上涨，短短几分钟内就突破了前期高点，并有直接涨停的迹象。

　　此时，已经买进的超短线投资者就可以趁着股价拉升的"东风"迅速借高出局，或者直接以涨停价挂出卖单，抢先在股价涨停后交易。而恰好观察到这一形态又没有在当日低吸的投资者，只要手中握有筹码，就可以果断在这几分钟内先买后卖，赚取差价收益。

4.2　多指标辅助逆向做 T

逆向 T+0 指的就是先卖后买的超短线做 T 方式，一般用于下跌趋势之中。投资者可以在高点先将前期筹码抛售，然后在后续合适的低点处买进同样数量的筹码，这样在下跌趋势中也能赚取差价收益。

除了在下跌趋势中盈利这一功能外，逆向 T+0 还能帮助投资者解套，尤其是重仓被套的投资者。因为先卖后买的操作方式，使得被套的资金能够先回笼到投资者手中，接下来的低吸就可以利用这部分资金进行，不用投资者再额外准备资金。

而且，以更低的价格买进同样数量的筹码，能够有效降低投资者的被套成本。如果操作顺利的话，经过数次逆向做 T 后，投资者就可以从被套的困局中解脱出来，不用亏损离场了。下面就利用 MACD 指标、MA 指标和 VOL 指标，向投资者展示如何逆向做 T。

4.2.1　MACD 指标双死叉共振

MACD 指标双死叉共振指的是在 K 线图和分时图中，MACD 指标分别形成高位死叉，辅助投资者寻找到合适的建仓点和 T+0 交易点。

有些投资者可能就会问，既然 MACD 指标已经形成高位死叉，传递出后市看跌的信号了，为什么投资者还要建仓做 T？

其实背后的动机很简单。首先，并不是所有的投资者都是风险厌恶者，有的投资者明知个股会下跌，也愿意大胆地介入其中，利用逆向 T+0 赚取收益。其次，当 MACD 指标形成高位死叉，股价下跌时，盘中必然存在大量的被套投资者，这部分投资者虽然不需要建仓，但也需要通过逆向做 T 来降低损失，脱离困局。

因此，了解如何在下跌趋势中逆向做 T，对于短线投资者来说也是很有必要的。即便投资者不常使用，也可以将其作为储备知识，以便在无意中被套后有计可施。

下面来看一个具体的案例。

实例分析

慈文传媒（002343）MACD 指标双死叉共振逆向做 T

图 4-18 为慈文传媒 2022 年 8 月至 10 月的 K 线图。

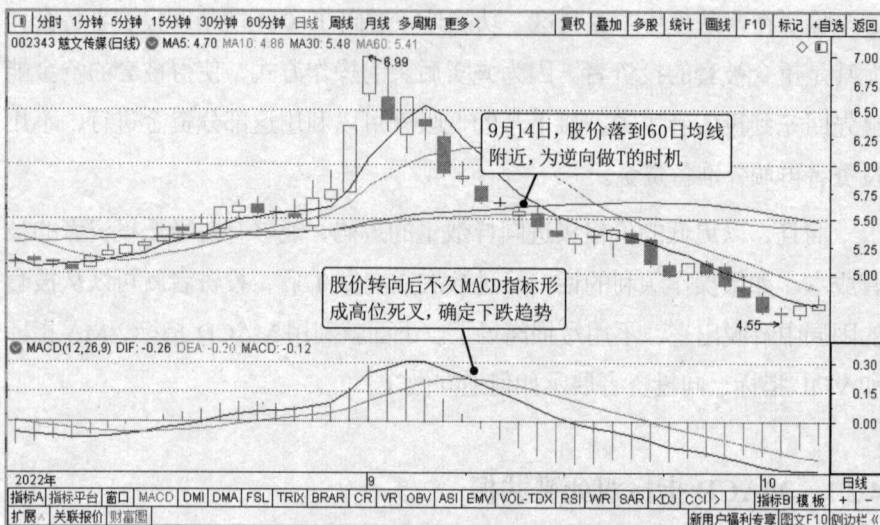

图 4-18 慈文传媒 2022 年 8 月至 10 月的 K 线图

从图 4-18 中可以看到，慈文传媒正处于涨跌趋势转变的过程中。2022 年 9 月初，股价上涨至 7.00 元价位线附近后受阻，在创出 6.99 元的新高的次日就转势下跌了，带动 MACD 指标向下转向。

数日后，MACD 指标中的 DIF 向下跌破 DEA，形成了一个高位死叉，进一步确定了下跌趋势的到来。此时，希望在下跌趋势中盈利的投资者可以适当建仓，而被套的投资者就要开始寻找解套时机了。

9 月 14 日正是股价跌至 60 日均线附近的一个交易日，它距离 MACD 指标的高位死叉不远，但解套宜早不宜迟，投资者可以将其作为逆向做 T 的目标交易日。

图 4-19 为慈文传媒 2022 年 9 月 14 日的分时图。

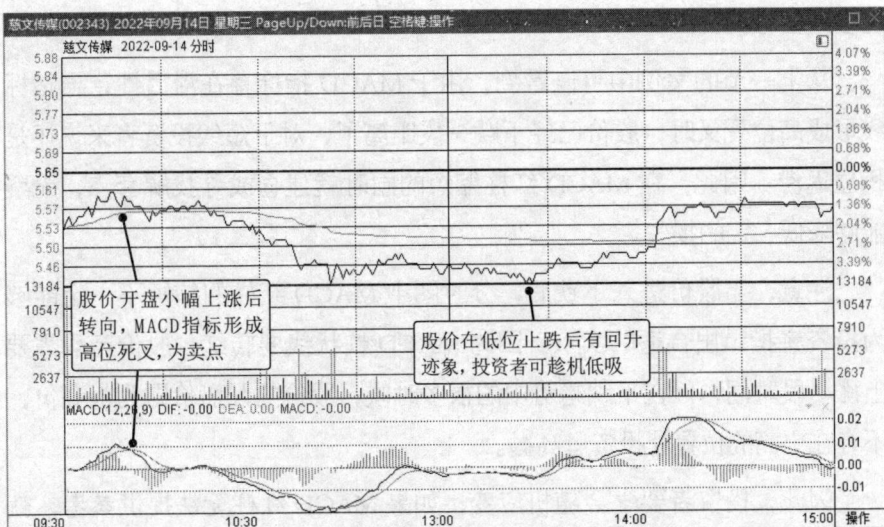

股价开盘小幅上涨后转向，MACD指标形成高位死叉，为卖点

股价在低位止跌后有回升迹象，投资者可趁机低吸

图 4-19　慈文传媒 2022 年 9 月 14 日的分时图

从 9 月 14 日的分时走势可以看到，在开盘后，股价就连续上涨了数十分钟，直到在 5.61 元价位线附近受阻后才拐头向下。与此同时，MACD 指标受其影响在 0 轴之上形成了一个高位死叉，向投资者传递出了明确的卖出信号，短线投资者可将其视作高抛点。

在后续的走势中，股价持续下跌，一路跌到 5.42 元价位线附近才止跌，并小幅回升。不过此时上方的压力还是比较重，股价难以突破，就在 5.46 元价位线附近长期横盘。

进入下午时段后，股价再次向下靠近前期低点，但也没有将其跌破，而是在短暂接触后再次回升。这说明下方有支撑，可能是 K 线图中 60 日均线起的作用，那么投资者就可以在此低吸，完成逆向 T+0 交易。

4.2.2　MACD 柱状线缩短

在逆向 T+0 交易中，投资者最需要关注的 MACD 柱状线缩短形态就是 MACD 红柱的缩短。它意味着 DIF 在向下靠近 DEA，也代表着股价出现了下跌，如果后续 DIF 下穿 DEA，MACD 柱状线由红转绿，更加明确的看跌信号就会出现。

从上一节的案例中可以看到，由于 MACD 指标存在滞后性，当指标线形成高位死叉时，股价已经下跌一段距离了，对于短线投资者来说还是稍显迟滞。因此，在 MACD 红柱缩短的同时就建仓或寻找解套点，无疑能够降低一定的损失。

注意，当股价进入下跌后，分时图中 MACD 红柱的缩短不一定能够为投资者指示出合适的卖点。因为 MACD 柱状线要转红，股价至少需要上涨一段时间，但在下跌趋势中的很多时候，股价的开盘价即为最高价，不存在更高的位置让投资者高抛。

因此，投资者要学会随机应变，如果 MACD 红柱无法提供参考，就不以其为参考，转而关注 MACD 绿柱的拉长会更有效。

下面来看一个具体的案例。

实例分析

中国出版（601949）MACD 红柱缩短逆向做 T

图 4-20 为中国出版 2021 年 3 月至 6 月的 K 线图。

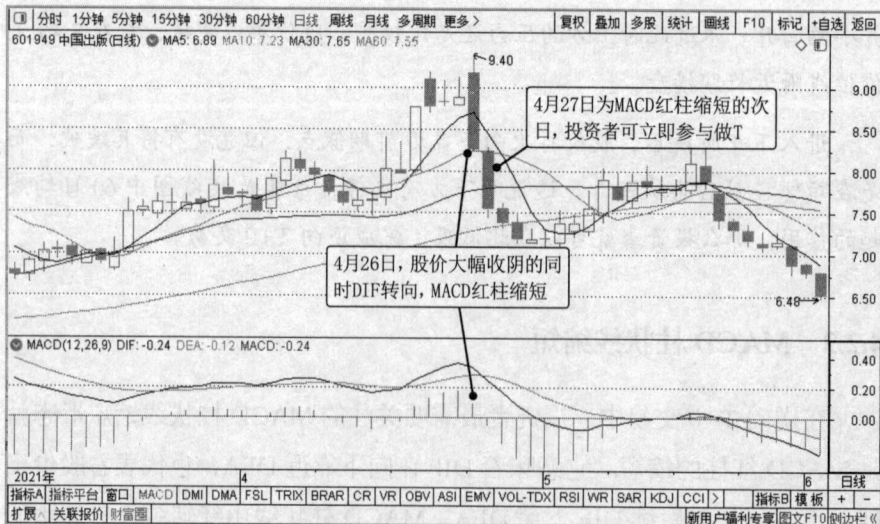

图 4-20　中国出版 2021 年 3 月至 6 月的 K 线图

从图 4-20 中可以看到，在 2021 年 3 月到 4 月上旬，中国出版还处于上涨阶段中，股价带动 MACD 指标运行到 0 轴以上。不过，由于 K 线收阳的持续性不好，股价震荡频繁，导致 DIF 无法与 DEA 分离太远，MACD 红柱不太明显。

直到 4 月中旬之后，该股突然收出了几根涨幅较大的阳线，大大加快了涨速，也使得 DIF 成功向上远离了 DEA，MACD 红柱拉长。

不过数日之后，该股便在 9.00 元价位线附近受阻后滞涨，于 4 月 26 日创出 9.40 元的新高后持续下跌，当日收出了一根长实体阴线，低点已经跌破了 8.50 元价位线。与此同时，MACD 红柱明显缩短，DIF 也有向下跌破 DEA 的趋势，预示着下跌可能即将到来。

此时，有意逆向做 T 的投资者就可以伺机建仓了。而高位入场被套的投资者若不愿意亏损离场，也要准备在次日通过逆向 T+0 交易来解套。

图 4-21 为中国出版 2021 年 4 月 27 日的分时图。

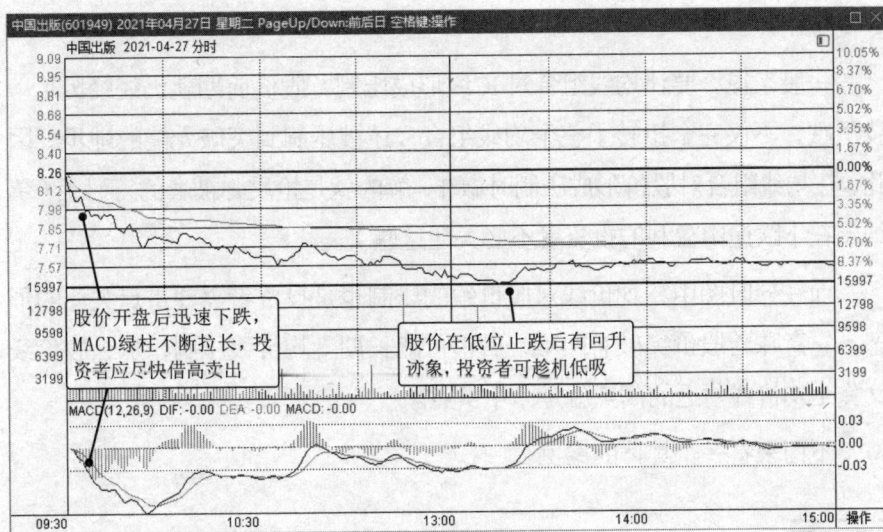

图 4-21　中国出版 2021 年 4 月 27 日的分时图

4 月 27 日正是 MACD 红柱缩短后的第二个交易日，根据解套宜早不宜迟的原则，在这一日投资者就要抓紧时间开始做 T 了。

从 4 月 27 日的分时走势可以看到，该股当日在开盘后就开始下跌，股价线一直处于均价线以下，长期被压制下行。

就在股价持续下跌的过程中，MACD 指标直接运行到了 0 轴以下，并随着跌势的延续，DIF 愈发向下远离 DEA，MACD 绿柱不断拉长，传递出了明确的看跌信号，投资者要趁着股价尚高时迅速卖出。

在后续的走势中，该股的跌势一直延续到了下午时段，股价跌至 7.43 元价位线附近后才止跌，随后在该价位线上横盘一段时间后形成回升迹象。此时，股价的跌幅已经达到了 9.93%，接近跌停，后市几乎跌无可跌，那么投资者就可以趁着股价还未上涨太多时低吸。

4.2.3　MA 指标压制股价下行

MA 指标对股价的压制，在 K 线图和分时图中都有体现。因此，投资者也可以分别借助内外两种压制形态，确定合适的建仓日、T+0 交易日和T+0 卖出点。

一般来说，要让均线组合对 K 线形成压制，股价前期就已经经历了一波下跌，不仅完全扭转了整个均线组合，还被压制到突破无能的地步。因此，在均线组合对股价形成压制时做 T，解的就是抢反弹被套的筹码了（单纯想在下跌途中盈利的投资者不必关注这些）。

而在分时图中，均价线对股价线的压制也是投资者需要重点关注的形态，它意味着股价突破有困难，后市可能长期受均价线压制，那么股价线反弹至均价线附近的高点就是一个卖点。

下面来看一个具体的案例。

实例分析

玲珑轮胎（601966）MA 指标压制股价下行逆向做 T

图 4-22 为玲珑轮胎 2021 年 4 月至 6 月的 K 线图。

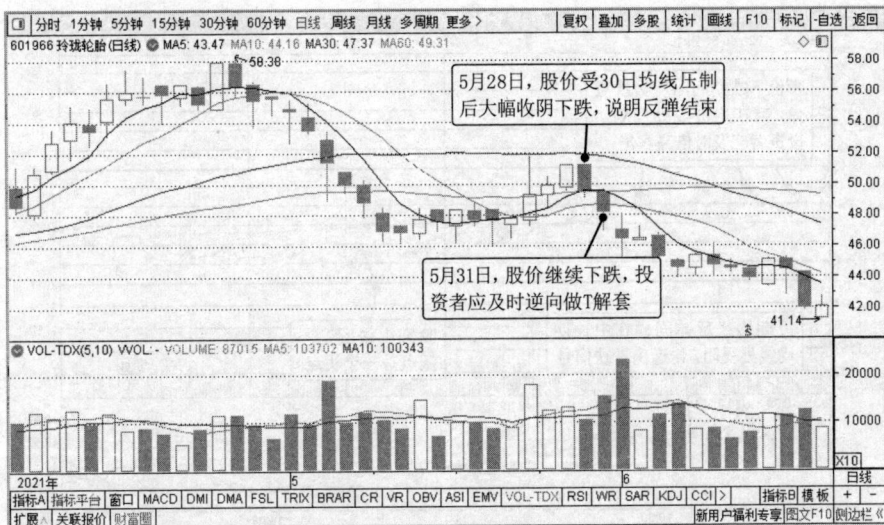

图 4-22　玲珑轮胎 2021 年 4 月至 6 月的 K 线图

从图 4-22 中可以看到，玲珑轮胎自 2021 年 4 月底到达 58.00 元价位线附近创出新高后，就拐头进入了持续性的下跌之中。均线组合在其带动下迅速扭转，就连两条中长期均线也在 5 月上旬走平并陆续转向了。

就在中长期均线走平的同时，股价也在 46.00 元价位线附近得到支撑，并形成了反弹走势。K 线连续收阳上涨，于 5 月底突破了 60 日均线，但在 30 日均线附近受到了阻碍。

5 月 28 日，股价开盘后围绕均价线震荡了许久，最终还是跌到了其下方，经历了长期的下跌后，当日收出一根大阴线，低点跌落到了 60 日均线附近。这是股价反弹见顶的警示信号，没来得及离场的投资者要准备好解套，希望盈利的投资者要及时建仓。

图 4-23 为玲珑轮胎 2021 年 5 月 31 日的分时图。

从股价收阴下跌后的次日，也就是 5 月 31 日的分时走势可以看到，该股当日开盘后也是不断下跌，期间多次反弹向上试图突破，但都在均价线附近被阻下跌。并且随着时间的推移，股价反弹的高点越来越低，说明均价线上附带有强大的压制力，股价很难彻底将其突破，投资者最好尽早在更高的位置卖出。

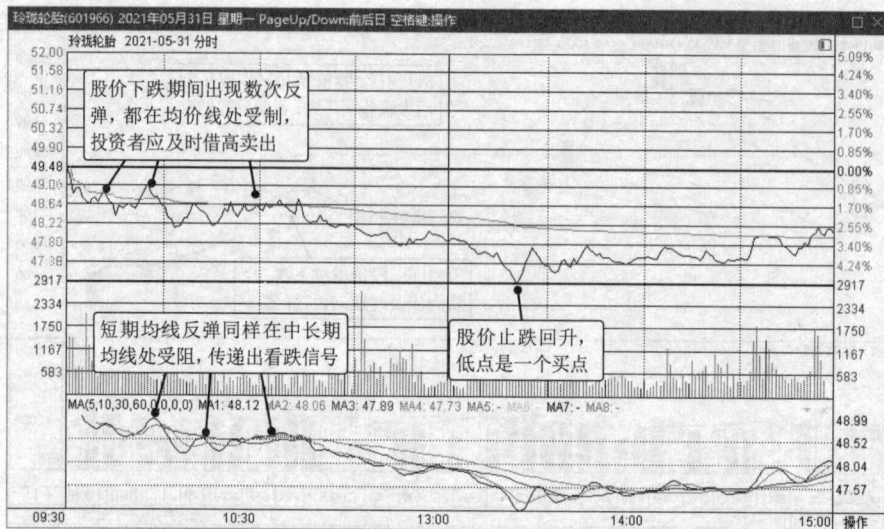

图4-23 玲珑轮胎2021年5月31日的分时图

在后续的走势中，股价一路跌到了46.97元价位线附近才止跌，并形成回升走势。此时的跌幅已经超过了5%，虽然后市可能还有下跌空间，但也不能确定股价会不会继续向下运行。因此，投资者可以在此处低吸，也可以再等待一段时间，看后期走势如何。

经过一个多小时的震荡后，交易已经进入尾声，但股价非但没有下跌迹象，还越发向上靠近均价线，说明后市可能不会再下跌了，此时还未完成T+0交易的投资者必须伺机买入了。

4.2.4 MA指标向下发散

均线组合向下发散，就意味着股价也转入了下跌之中。在此之前，股价可能在高位滞涨了一段时间，也可能在某一支撑线上反复震荡。均线组合在此期间或黏合或交叉，但向下发散时，传递的是同样的看跌信号。

当发散形态出现后，被套的投资者就要尽早认清形势，解套出局了。希望盈利的投资者也可以伺机建仓入场。

在分时图中，均线组合向下发散也是寻找卖点的一大辅助形态，越早卖出，就越能扩大差价收益。

下面来看一个具体的案例。

实例分析

宝钢包装（601968）MA 指标向下发散逆向做 T

图 4-24 为宝钢包装 2021 年 8 月至 10 月的 K 线图。

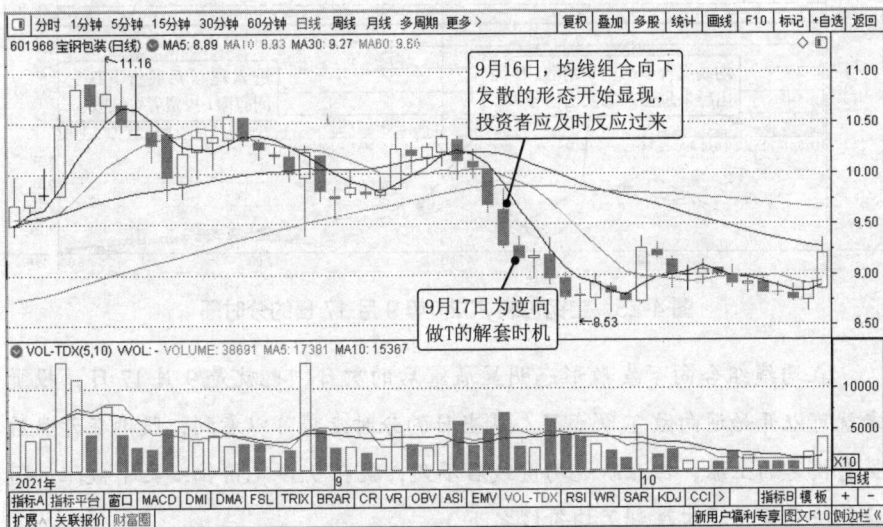

图 4-24　宝钢包装 2021 年 8 月至 10 月的 K 线图

从图 4-24 中可以看到，宝钢包装已经转入了下跌趋势之中。在 2021 年 8 月中旬，股价在 10.00 元价位线附近得到支撑后，便开始了横向的震荡。短期均线在其带动下不断形成交叉，与依旧上行的 30 日均线纠缠在一起。

9 月上旬，股价震荡上行至 10.50 元价位线附近后受阻再次下跌，此次下跌速度较快，终于将 30 日均线扭转向下。数日后，60 日均线也被跌破并逐渐扭转，证明下跌趋势可能即将来临。

到了 9 月 16 日时，股价已经跌到了 9.50 元价位线以下，而此时均线组合向下发散的形态也逐渐明显起来，进一步证实了前期的看跌信号，此时还未离场的投资者不能再停留，应尽快解套离场。

图 4-25 为宝钢包装 2021 年 9 月 17 日的分时图。

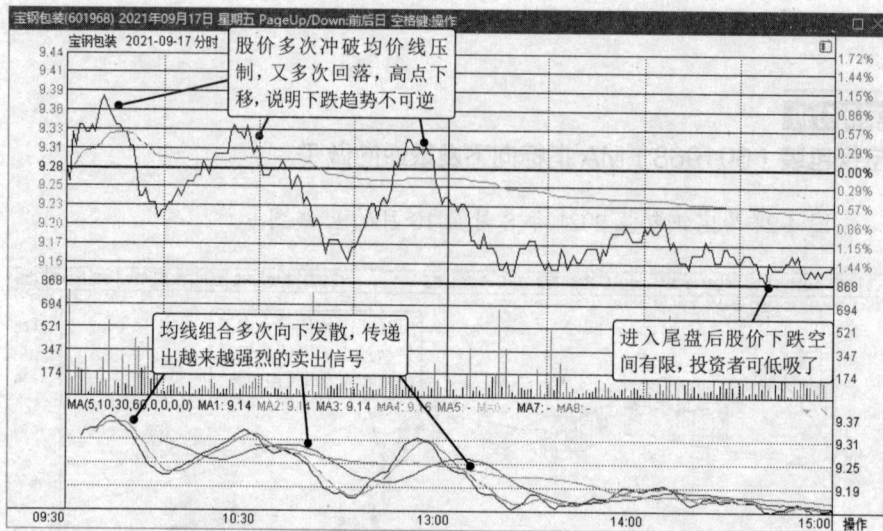

图 4-25　宝钢包装 2021 年 9 月 17 日的分时图

在均线组合向下发散形态明显展露后的次日，也就是 9 月 17 日，投资者就可以开始逆向做 T 解套了。从当日的分时走势可以看到，股价在开盘后虽有快速的上涨，但在跃过均价线后不久，就在 9.39 元价位线之下被阻，随后拐头向下，再次跌到了均价线之下。

与此同时，副图窗口中的均线组合也拐头向下。尽管 30 分钟均线和 60 分钟均线还未形成，发散形态无法判定，但投资者依旧能够从两条短期均线的下行速度看出市场的颓势。因此，投资者就要及时借高卖出，尽可能扩大差价收益。

10:00 左右，股价跌至 9.20 元价位线上方后得到支撑再次上涨，此次上涨的速度较快，并且也成功突破到了均价线之上。不过，股价并未在其上方坚持太久，很快又回归到下跌之中，再次运行至均价线以下。

30 分钟均线和 60 分钟均线此时已经形成，完整的均线组合在股价下跌后形成了明确的向下发散形态，传递出了明确的卖出信号，还未抛售筹码的投资者要抓紧时间了。

从后续的走势可以看到，该股在早间收盘之前又形成了一次涨跌走势，但与前面两次的结果一样，最终都是回归下跌。并且从三次反弹的高点渐次下移的状态来看，市场推涨的力度越来越弱，下午时段开盘后很难再有更好的表现，投资者不要再紧抓筹码不放了。

果然，进入下午时段后，股价就长期被限制在均价线之下运行。进入尾盘后，价格已经跌到了 9.15 元价位线以下，并且在临近收盘时也没有大幅回升的迹象，投资者应在收盘前择机低吸，完成逆向 T+0 操作。

4.2.5 早盘天量急跌

早盘天量急跌指的是股价在开盘后，就被急剧放大的量能拖动急速下跌，呈现出极度的颓势状态。在这种急跌状态下，股价有可能会直接跌停，这是相对极端的短期看跌信号。

而且如果这种形态出现在上涨趋势反转后的位置，就意味着场内很可能有主力在进行大批量的抛售。无论其目的是出货还是震仓，都会对股价产生较大的打击，许多投资者也会措手不及而被套场内。

如果投资者在 K 线图中就能发现股价急跌的端倪（比如前一个交易日已经跌停），应于当日开盘后就迅速借高卖出，然后在股价急跌后的低位买进，还是能很好地利用该形态盈利或解套的。

如果投资者是猝不及防地面对这一情景，就只能快速分析当前形势，果断作出买卖决策了。能够利用短期差价逆向做 T 自然最好，但若是错过了好的买卖时机，就最好另寻交易日进行操作，避免解套不成，反增成本。

下面来看一个具体的案例。

实例分析

丰林集团（601996）早盘天量急跌逆向做 T

图 4-26 为丰林集团 2021 年 5 月至 7 月的 K 线图。

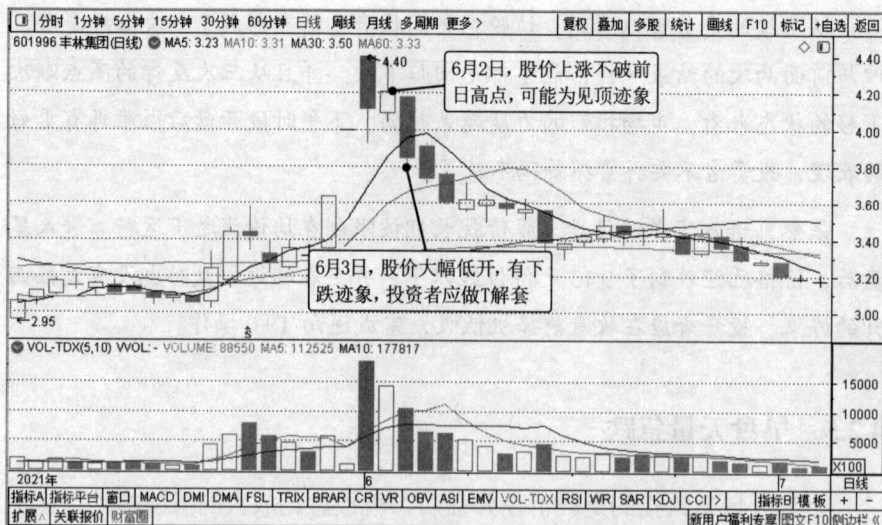

图 4-26　丰林集团 2021 年 5 月至 7 月的 K 线图

从图 4-26 中可以看到，丰林集团从 2021 年 5 月初开始上涨，经过反复震荡和大幅拉升后，于 6 月初来到了 4.40 元的高位处。

而在创出新高的前两个交易日，K 线还分别收出了一根涨停阳线和一根一字涨停线，说明该股在短期内的涨幅相当迅猛，那么创新高当日收出的大阴线就有见顶的意味了。

6 月 2 日，股价低开后走高收阳，但当日不仅形成了冲高回落走势，高点还没能突破前一日的最高价，更加确定了见顶信号，股价短时间内可能会通过快速下跌来释放场内的抛压。因此，后续的交易日中 K 线收阴的概率较大，等待逆向做 T 的投资者要做好准备。

图 4-27 为丰林集团 2021 年 6 月 3 日的分时图。

6 月 3 日正是 K 线收阳突破失败后的次日，从当日的分时走势可以看到，股价以低价开盘后就出现了急速的下跌，短短几分钟内就跌出了 3.79 元的最低价，而这已经是跌停价了。

同一时期，成交量也出现了大幅放量，说明场内有卖盘在主动压价。结合股价短短几分钟就跌停的走势，很容易让人联想到是否是主力在大批撤离资金，导致股价大幅下跌。

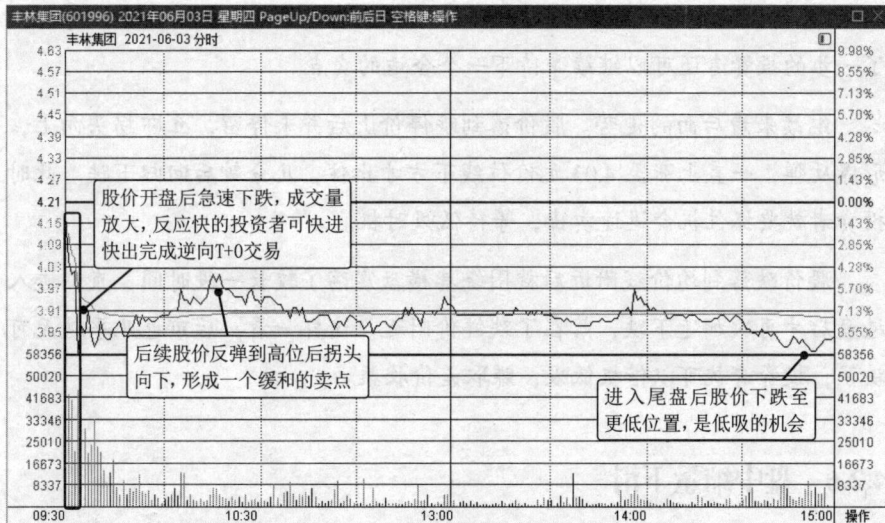

图 4-27　丰林集团 2021 年 6 月 3 日的分时图

要证实主力大批出货导致股价大幅下跌的推断，投资者可通过仔细观察当日的分笔交易数据来分析，如图 4-28 所示。

09:30	4.17	52	S	5		09:31	4.02	2813	S	58		09:33	3.95	4155	S	135
09:30	4.13	4506	S	94		09:31	4.01	1065	S	33		09:33	3.93	338	S	12
09:30	4.13	2227	S	94		09:31	4.03	3112	B	62		09:33	3.90	4641	S	104
09:30	4.10	2813	S	89		09:31	4.01	2194	S	74		09:33	3.89	1975	S	59
09:30	4.09	482	S	23		09:31	4.00	1370	S	38		09:33	3.88	1191	S	55
09:30	4.08	1353	S	51		09:31	4.01	919	B	42		09:33	3.90	2774	B	83
09:30	4.07	537	S	31		09:31	4.00	1720	S	38		09:33	3.82	2174	S	48
09:30	4.09	3438	B	63		09:31	4.00	4436	B	42		09:33	3.81	1790	S	69
09:30	4.09	2957	S	27		09:31	3.99	3016	S	69		09:33	3.79	7157	S	140
09:30	4.08	999	S	21		09:31	3.97	3057	S	38		09:33	3.79	3575	B	42
09:30	4.07	1298	S	29		09:31	3.97	652	B	45		09:34	3.79	6161	B	59
												09:34	3.79	1867	B	54

图 4-28　丰林集团 2021 年 6 月 3 日的部分分笔交易数据

从图 4-28 中可以看到，在股价大幅下跌的几分钟内，盘中出现了大量的、单笔交易手数超过 500 手的卖单，甚至有些都超过了 6 000 手，乃至 7 000 手。

这很明显是主力大批抛售导致的，要知道，1 手 =100 股，7 000 手就是 70 万股，很少有散户会手持如此多的筹码，更不可能持续在几分钟内抛售总价值超过千万元的数万手股票。

因此投资者基本可以确定，此次丰林集团急涨后急跌的走势是主力造成的，目的就是盈利，后市股价的走势大概率不容乐观。反应快的投资者就可以借助 6 月 3 日开盘后放量急跌的形态快进快出，完成逆向 T+0 交易。慢了一步的投资者还可以继续等待下一个合适的卖点。

继续来看后面的走势。股价落到跌停价上后并未停留，立即拐头向上，形成反弹，一直上涨至 4.03 元价位线下方才止住，几分钟后回归下跌。此时投资者就要抓住机会迅速卖出，等待低吸时机。

股价跌落到均价线附近后就围绕其横盘震荡了较长一段时间，直到进入尾盘后才再次加速下跌，落在了跌停价附近。这样一看，后市也几乎跌无可跌了，投资者就可以借机低吸，赚取差价收益。

4.2.6 盘中缩量下滑

盘中缩量下滑指的是股价在盘中交易时段呈现出稳步下跌的状态，整体震荡幅度不大，但跌势持续性较强。成交量在这段时间内也会或整体或分段地形成缩量，配合股价下跌。

这种形态自然是市场走弱的预示信号，常常形成于持续的下跌行情之中，或者上涨行情的深度回调过程中。

通过盘中缩量下滑的形态逆向做 T，相较于前面几种形态来说会比较简单和缓和，一点时间差带来的收益差距不会太大，投资者面临的风险也不会太高。

下面来看一个具体的案例。

实例分析

喜临门（603008）盘中缩量下滑逆向做 T

图 4-29 为喜临门 2022 年 9 月至 11 月的 K 线图。

从图 4-29 中可以看到，喜临门在 2022 年 9 月底到 10 月都处于稳定的下跌趋势之中，K 线连续收阴向下运行，并受到均线组合的长期压制。在此期间，就有许多投资者借助逆向 T+0 交易解套或盈利。

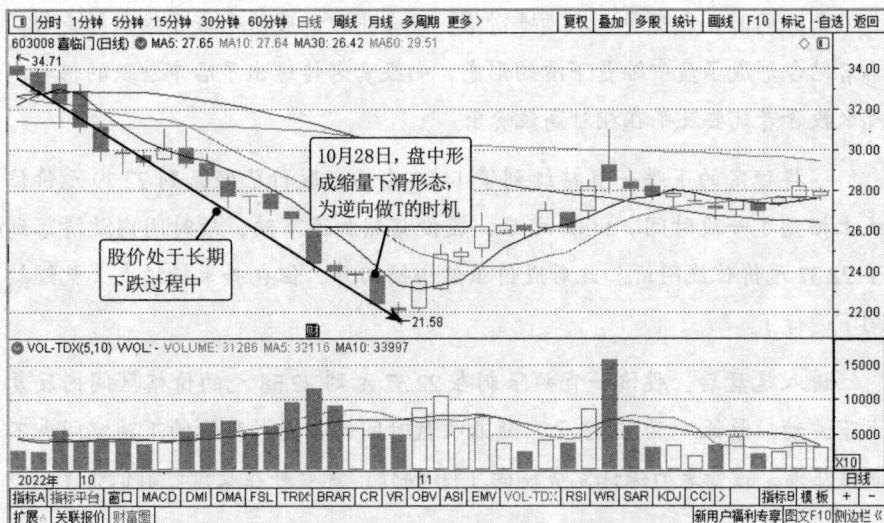

图 4-29　喜临门 2022 年 9 月至 11 月的 K 线图

图 4-30 为喜临门 2022 年 10 月 28 日的分时图。

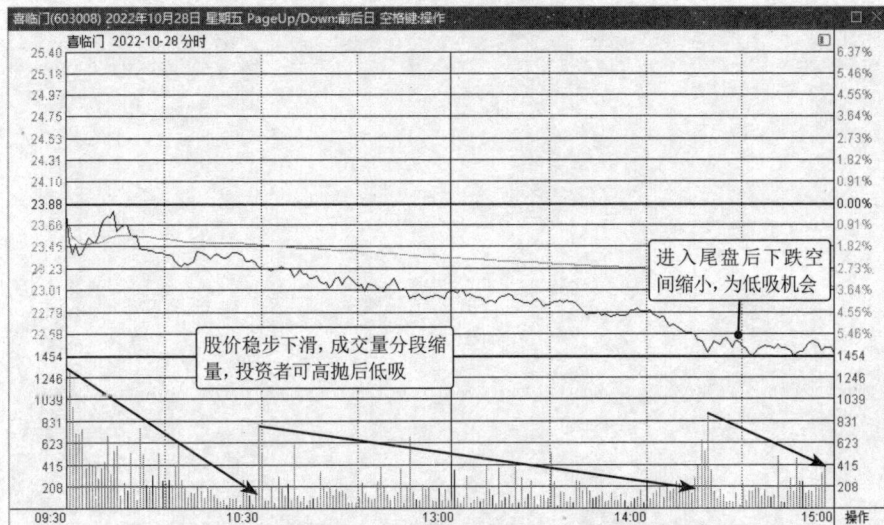

图 4-30　喜临门 2022 年 10 月 28 日的分时图

　　4 月 28 日正是股价下跌过程中的一个交易日，从其分时走势中可以看到，在开盘后，股价有过短时间的震荡，与均价线之间产生了数次交叉后，还是落到了其下方，开始逐步向下运行。

与此同时，成交量也从顶峰滑落，配合下跌的股价形成了缩减的走势，二者结合形成了盘中缩量下滑的形态，向投资者传递出了后市看跌的信号，那么投资者就要及早在相对高位卖出。

这样稳定的下跌一直持续到了 14:00 左右，股价已经落到 22.79 元价位线上横盘了一段时间。14:00 之后，股价突然加速下跌，短时间内就滑落到了 22.37 元价位线附近。此后股价虽然小幅回升，但也并未持续太久就继续向下运行了。

进入尾盘后，股价一直被限制在 22.37 元到 22.58 元的价格区间内反复上下波动，最低跌至 22.33 元。随着收盘时间的临近，股价的下跌空间也不断被压缩，投资者为保证完成逆向 T+0 操作，就要赶在收盘之前低吸了。

第5章

短线实战：多指标综合研判

在真正的投资实战操作中，投资者会在一只个股中遇到各种各样的形态，三大指标也会跟随股价的涨跌和市场的变化传递出各种各样的信号。很多时候，这些形态和信号并不标准，但投资者只要学会变通和灵活分析，就能从中找到合适的买卖点，从而实现短线盈利的目标。

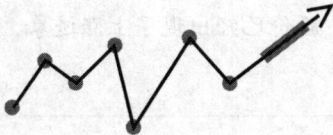

5.1 宁德时代：强牛市中如何做短线

在强牛市中盈利，相信是大部分短线投资者都愿意做的。若能够借助三大指标辅助分析，不仅可以在一定程度上提高研判成功率，还能够更高效地抓住低买高卖的时机，尽量扩大短期收益。

不过，要确定一只强牛股也不容易，其中涉及许多复杂的选股方式，十分费时费力。但短线投资者也没有必要从零开始选股，多多关注当前市场上有哪些热门黑马股，或者长期利好的白马股，从中挑选一只市场普遍看好的个股，能够满足短期盈利的需求就可以了。

宁德时代（300750）就是一只近年来声名鹊起、口碑较好、业绩优秀的黑马股。本节就将其作为主要分析目标，向短线投资者展示在实战中如何利用三大指标，实现强牛市中的分段盈利。

5.1.1 牛市初期利用指标辅助分析

强牛股在崛起之前往往不会太过引人注目，短线投资者要想在牛市中盈利，就要学会分析和抓住强牛股上涨初期的买入信号。下面先来看宁德时代走牛初期时股价的表现。

实例分析
牛市初期均线 + 成交量预示买进

图 5-1 为宁德时代 2019 年 6 月至 12 月的 K 线图。

图中展示的是宁德时代刚开始展现出强牛迹象时的走势，不过，在 2019 年 7 月之前，该股其实已经维持了很长时间的震荡状态，甚至在 2019 年 6 月还在下跌，这一点从当时依旧下行的 60 日均线的表现中可以看出。这导致市场稍显疲软，交易稍显冷淡，不过股价在相对低位的震荡也为主力吸筹提供了非常好的机会。

到 2019 年 11 月初时，股价已经出现了上涨迹象，不过拉升数日后就被大量能压价。这波量能明显高于前期，投资者可以合理推测为主力参与导致的，其目的可能是防止股价在短时间内涨得太高，不利于后期的拉升和进一步吸筹。对于这种异常量能关系，投资者要保持高度关注，说不定近期就会产生变盘。

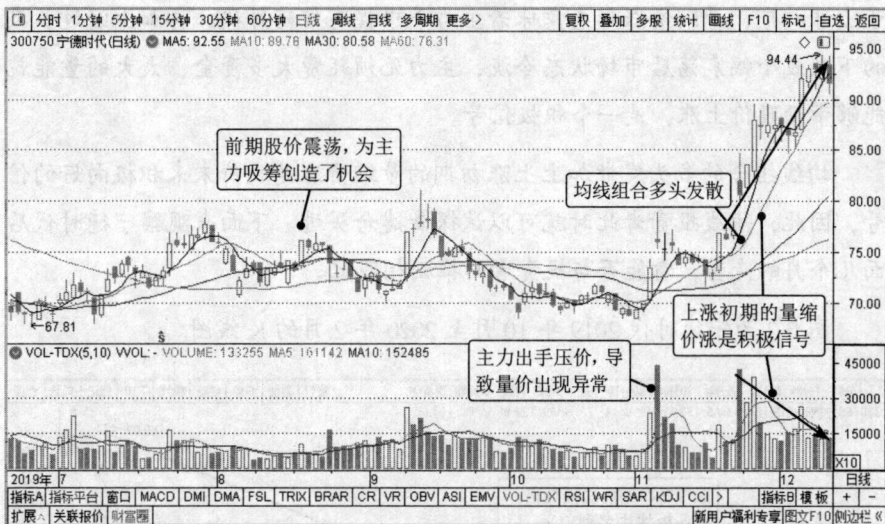

图5-1 宁德时代2019年6月至12月的K线图

继续来看后面的走势。在11月中旬以后，股价上涨的幅度突然加大，K线连续收阳向上突破了80.00元价位线的压制。这在近期的走势中是从未有过的，市场的突然强势不得不让投资者联想到前期可能为主力压价的异常量价关系，从二者结合起来看，此处是主力开始拉升的可能性就比较大了。

不过，这时谁也无法保证股价到底能不能长期走牛，就算是短线投资者，也要谨慎观察一段时间后再决定要不要介入。

进入12月后，股价再度拉升，突破到了90.00元价位线以上，短期涨幅已经非常大了。同一时间，均线组合在其带动下也出现了向上的扭转，短期均线逐渐远离中长期均线，这明显是均线的发散形态，由黏合转为发散的均线组合，传递的是看多信号。

此时再观察成交量可以发现，该股的量能虽然在11月底股价上涨时有放量形成支撑，但在12月初股价再度加速上涨时，量能却有所回缩，与股价之间形成了量缩价涨的形态。

量价的背离看似是股价上涨缺乏支撑的表现，但投资者只要仔细思考，将前期宁德时代长期低位震荡，主力压价吸筹，随后又注资大幅拉升的表现结合起来分析，就可以得出一个可靠度较高的结论，即宁德时代很可能正处于上涨初期，量缩价涨形态意味着主力手中握有重磅筹码，再加上经过长期的下跌或小幅震荡后市场状态冷淡，主力无须耗费太多资金、太大的量能就能够带动股价上涨，是一个积极信号。

均线组合的多头发散加上上涨初期的量缩价涨是股价未来积极向好的信号，因此，短线投资者此时就可以试探着建仓买进。下面来观察宁德时代后面几个月的走势，看能否与投资者的推测相匹配。

图 5-2 为宁德时代 2019 年 10 月至 2020 年 2 月的 K 线图。

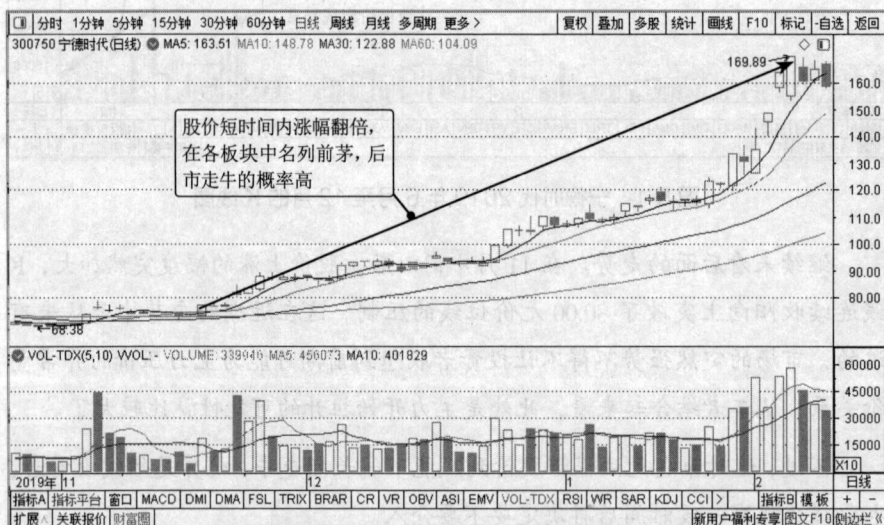

图 5-2 宁德时代 2019 年 11 月至 2020 年 2 月的 K 线图

在后续近两个月的时间内，宁德时代都维持住了积极的上涨走势。从均线组合向上发散的初始位置，也就是从 80.00 元价位线附近上涨至 2020 年 2 月上旬的 160.00 元价位线以上，股价已经实现了翻倍，短期涨幅非常可观。

这种强势的涨幅使得宁德时代在整个电气设备行业、新能源汽车概念及锂电池概念等板块中都完全可以称得上黑马。只要这种涨势能够持续下去，强牛市的到来并非没有可能，短线投资者可以拭目以待。

5.1.2　阶段见顶后指标发出的预警信号

宁德时代能够在短时间内实现如此巨大的涨幅，与主力的拉升脱不开关系，但大量散户投资者的注资推进也是必不可少的。这就导致盘中堆积了大量亟待兑利出局的获利盘，一旦股价涨势减缓，抛压大量释放，就有可能导致股价转入下跌之中。

短线投资者需要对这种情况有一定的准备，同时也要注意观察三大指标的表现，看是否有预警信号形成。

实例分析
阶段见顶时均线 +MACD 指标形成预警

图 5-3 为宁德时代 2019 年 12 月至 2020 年 3 月的 K 线图。

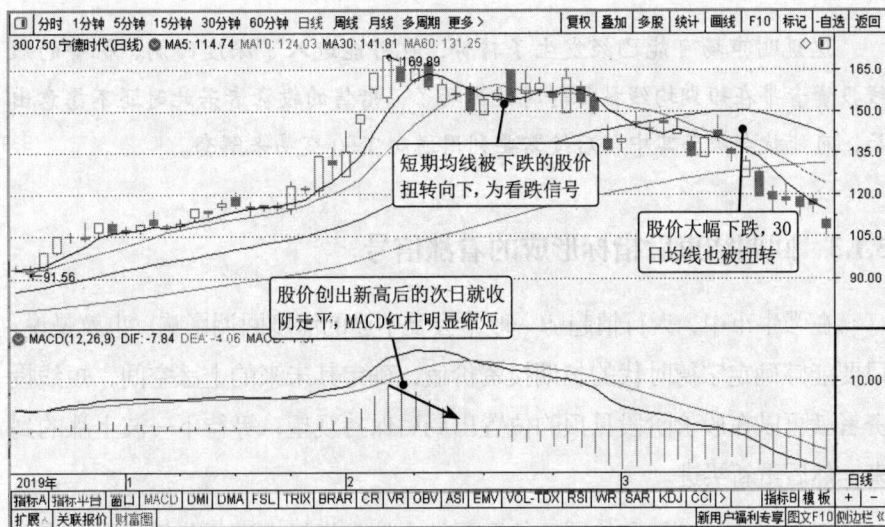

图 5-3　宁德时代 2019 年 12 月至 2020 年 4 月的 K 线图

短线投资者在前期上涨的过程中分段建仓盈利后，难免会出现买在高位后股价滞涨的情况。

就比如有的投资者一看宁德时代牛市发展情况良好，就直接在 2020 年 2 月初以 160.00 元的高价重仓买进，结果发现股价在突破该价位线后仅仅创出了 169.89 元的新高，次日就收阴盘整了。

不仅 K 线收阴形成滞涨的走势，观察 MACD 指标也可以发现，原本 DIF 和 DEA 受股价积极上涨的带动而长期运行于 0 轴以上，并且随着 1 月底股价的一波加速上涨也加大了上扬角度，MACD 红柱显著拉长。但在股价收阴的同时，DIF 拐头向下靠近 DEA，导致 MACD 红柱开始缩短，传递出了初步的看跌信号。

尽管此时均线还未表现出明显的转势，但 MACD 指标已经向投资者发出预警，谨慎的短线投资者此时卖出也不算冲动。

从后续的走势可以看到，随着股价横盘后的进一步下跌，短期均线率先被扭转向下，5 日均线下穿 10 日均线后，二者围绕 K 线形成黏合。2 月底，股价下跌幅度骤然增大，K 线和短期均线先后跌破 30 日均线，并逐步将 30 日均线扭转向下。

这说明市场可能已经发生了转势，也可能进入了深度回调。机警的短线投资者早在短期均线被扭转时就离场了，惜售的投资者若此时还不愿意出局，可能就会被套其中，后续需要利用逆向 T+0 交易来解套。

5.1.3 回调结束后指标形成的看涨信号

在强牛市中，大行情趋势一般不会受中途的深度回调影响。也就是说，只要能够确定宁德时代的长期投资价值，确定其未来的上涨空间，短线投资者就可以在股价阶段见顶的位置出局后保持观望，等待下一波上涨的到来，然后重新买进。

至于买进的时机和位置，依旧要结合技术指标来进行分析。如果指标能够形成一些指向性较强的买入形态，就能为短线投资者的再建仓提供一定的指导和帮助。

实例分析

回调结束后均线 +MACD 指标重新买进

图 5-4 为宁德时代 2020 年 2 月至 7 月的 K 线图。

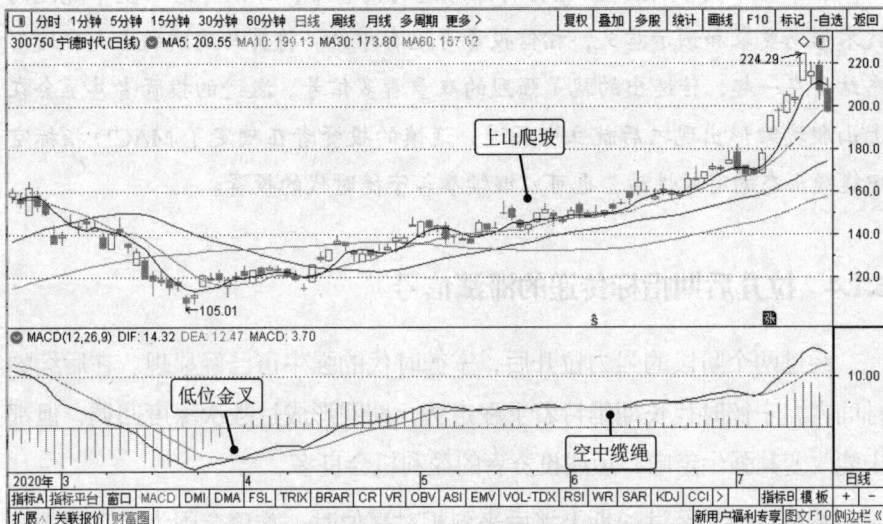

图 5-4　宁德时代 2020 年 2 月至 7 月的 K 线图

从上一个案例中可以看到，宁德时代在 169.89 元的位置阶段见顶后就进入了下跌之中，当时还无法判断股价是彻底下跌还是进入了深度回调，但从图 5-4 中就可以看出，该股于 2020 年 3 月下旬在 105.01 元的位置见底后就回归了上涨之中，证明上一波下跌只是深度回调，宁德时代还处于牛市之中。

不过，由于股价刚开始的上涨速度还比较慢，短时间内也未能突破中长期均线的压制，短线投资者可以不着急买进。

进入 4 月后不久，股价便在收阳上涨的带动下逐步将中长期均线突破并扭转，使得中长期均线，尤其是 30 日均线呈现出了稳定的上扬角度，承托在 K 线之下。将前面的内容学习透彻了的投资者很快就能看出，这是上山爬坡形态的雏形，意味着股价进入了稳步的上涨之中。

再看 MACD 指标，可以发现在 3 月底股价向上转势时，指标线在 0 轴以下形成了一个低位金叉。而随着上山爬坡形态的出现，MACD 指标线也逐步移动到了 0 轴以上。进入 5 月后，股价涨势减缓，MACD 指标线上扬角度也变缓了，DIF 与 DEA 长期纠缠在一起，仔细一看，便能确定出空中缆绳的形态。

在第 1 章关于 MACD 指标特殊形态的内容中，详细介绍了空中缆绳的技术形态要求和预示意义，相信投资者还有印象。将其与均线的上山爬坡形态结合在一起，传递出的就是强烈的双重看多信号。激进的投资者甚至会在上山爬坡雏形出现之后就立即买进，谨慎的投资者在确定了 MACD 指标空中缆绳形态的有效性后，也可以继续参与宁德时代的投资。

5.1.4 拉升后期指标传递的滞涨信号

经过两个阶段的强力拉升后，宁德时代的强牛市已经显现。在后续的时间内，宁德时代长期维持着上涨走势，期间形成过数次深度回调，但都未能改变其强牛走向，短线投资者的盈利机会良多。

不过，当其经过长期上涨后来到相对高位时，难免会因为越来越强的压力而减缓上涨速度，形成滞涨走势，并且投资者还难以分辨强牛市是否结束。因此，依靠技术指标寻找滞涨信号，对于投资者来说也是关键的避免被套的方式。

实例分析
拉升后期成交量 +MACD 指标预示滞涨

图 5-5 为宁德时代 2021 年 4 月至 8 月的 K 线图。

进入 2021 年 4 月后可以看到，宁德时代的股价已经上涨到了 300.00 元价位线附近，并且随着拉升的延续而不断创出新高。而在上一个案例中，宁德时代在 2020 年 7 月也才刚刚突破 200.00 元价位线的大关，可见强牛市为该股带来的投资价值有多高。

从图 5-5 中可以看到，股价在前期还经历了一波回调，K 线落到了中长期均线之下，但在市场积极拉升的带动下，股价很快回到了均线组合之上，并带动 MACD 指标线上行至 0 轴以上，DIF 逐渐向上远离 DEA。

5 月上旬，股价小幅回调，使得 DIF 跟随下行靠近了 DEA，尽管两条指标线形成了一个高位死叉，但 DIF 很快便随着股价的继续上涨而回升到 DEA 之上，并再度远离。

此时成交量与股价之间的关系还算稳定，在 4 月和 5 月股价分别拉升的过程中，量能都有放量的配合，暂且看不出异常。再加上 MACD 指标线也在不断上行，虽然波动比较频繁，但也没有表现出预警信号，短线投资者可以持续参与。

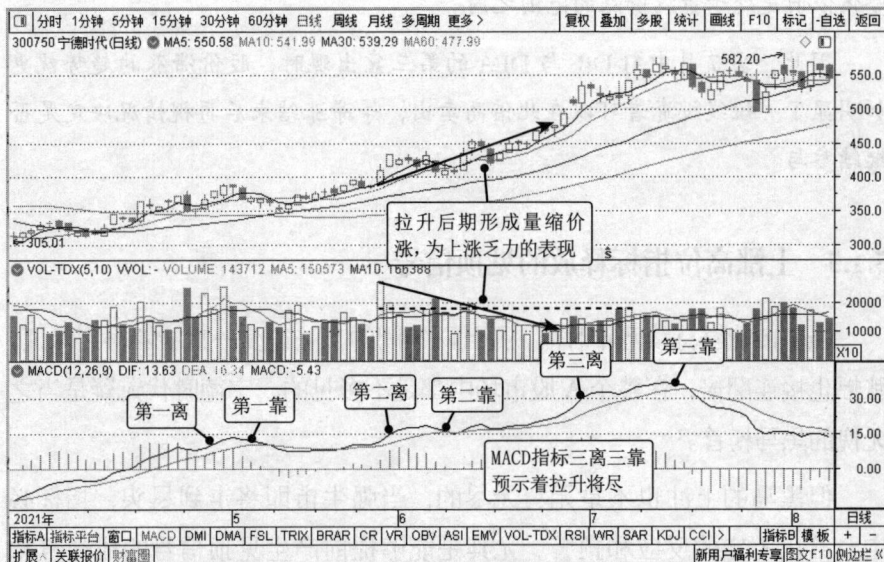

图 5-5 宁德时代 2021 年 4 月至 8 月的 K 线图

继续来看后面的走势。在进入 6 月后，稳定的量价关系发生了变化。首先是股价在中长期均线的支撑下产生了一定程度的震荡，没有前期上涨的稳定了，但也算不上明显回调。

在此期间，成交量表现出了缩量形态，与股价形成了量缩价涨的背离，结合此时的高价位置，发出了股价上涨乏力的信号。这意味着在不久的将来，股价可能会形成滞涨乃至回调。

再看 MACD 指标也会发现，在股价震荡的过程中，DIF 与 DEA 之间也先后形成了远离和靠拢的走势。

对指标形态敏锐度较高的投资者可能已经看出来了，这就是 MACD 指标三离三靠的形态雏形，并且第一离、第一靠、第二离和第二靠都已经形成，随着股价的继续上涨，第三离也正在形成。若等到第三靠出现，股价就可能已经进入滞涨了。

从后续的走势可以看到，进入 7 月后，股价依旧在上涨，但上涨速度减缓了不少。成交量在此期间有放大支撑，不过量能的峰值远未达到前期高点，整体依旧是处于量缩价涨的范围之内。

因此，当 7 月中旬 DIF 与 DEA 的第三靠出现时，股价滞涨的趋势就更加明显了。短线投资者可以在此借高卖出，等滞涨结束后再视情况决定是否继续参与。

5.1.5　上涨高位指标释放的见顶信号

强牛市能够持续两年时间，并且两年间的上涨速度一直能够得到保证，涨幅也接连翻倍，在整个 A 股市场中都是不多见的，宁德时代无疑是当之无愧的黑马榜首。

但黑马的上冲也不是无穷无尽的，当强牛市即将走到尽头，指标必定会给出一定的反应和预警。尤其是能够提前产生见顶信号的成交量和 MACD 指标，更需要投资者高度关注。

实例分析

上涨高位成交量 +MACD 指标的见顶预警

图 5-6 为宁德时代 2021 年 8 月至 2022 年 1 月的 K 线图。

从图 5-6 中可以看到，在经过了 2021 年 7 月的滞涨后，宁德时代还是出现了一定程度的下跌，到 2021 年 9 月时，价格已经落到了 500.00 元价位线附近，跌幅不算大，但持续时间较长，短线投资者还是不宜停留。

进入10月后，股价再次在成交量的放量支撑下快速收阳上涨，进入了下一段拉升之中。但随着股价的不断攀升，成交量却没有达到更高的峰值，这一点在10月还不算明显，进入11月后，量能就形成了回缩，量缩价涨形态再现，传递的依旧是上涨乏力的信号。

观察MACD指标可以发现，在股价量能形成量缩价涨形态的过程中，DIF的高点出现了明显下移，与依旧能够创出新高的股价形成了顶背离形态。

MACD指标顶背离的预警信号相较于三离三靠来说更加强烈，它是市场推动力下降，后市高度看跌的形态，结合同一时期的量缩价涨，意味着股价在短时间内可能即将见顶下跌，跌幅大概率会高于前期。因此，机警的短线投资者最好在发现顶背离后提前出局，避开下跌。

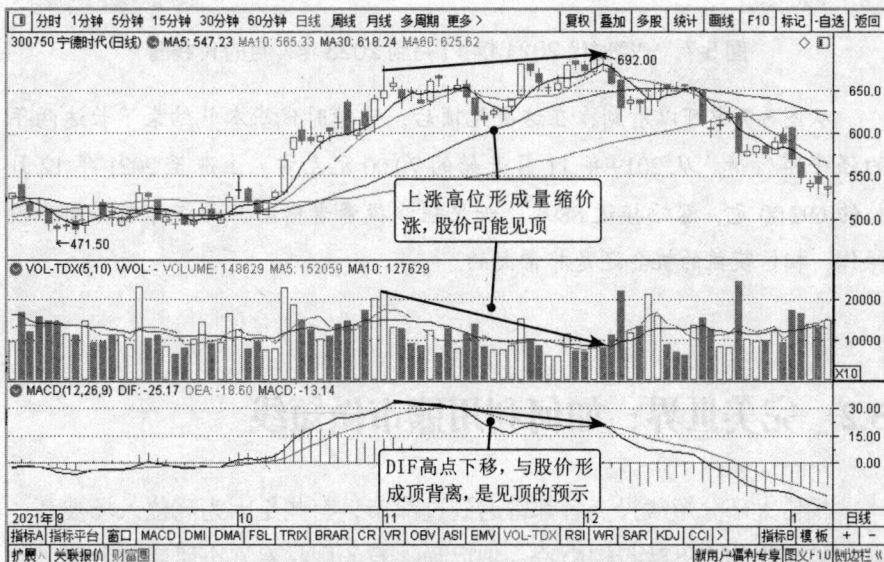

图5-6　宁德时代2021年8月至2022年1月的K线图

从后续的走势也可以看到，该股在创出692.00元的新高后就拐头进入了下跌之中，短时间内跌幅确实比较大，就连均线组合也逐一被其扭转向下，此时还未离场的短线投资者要抓紧时间了。

图5-7为宁德时代2021年11月至2023年4月的K线图。

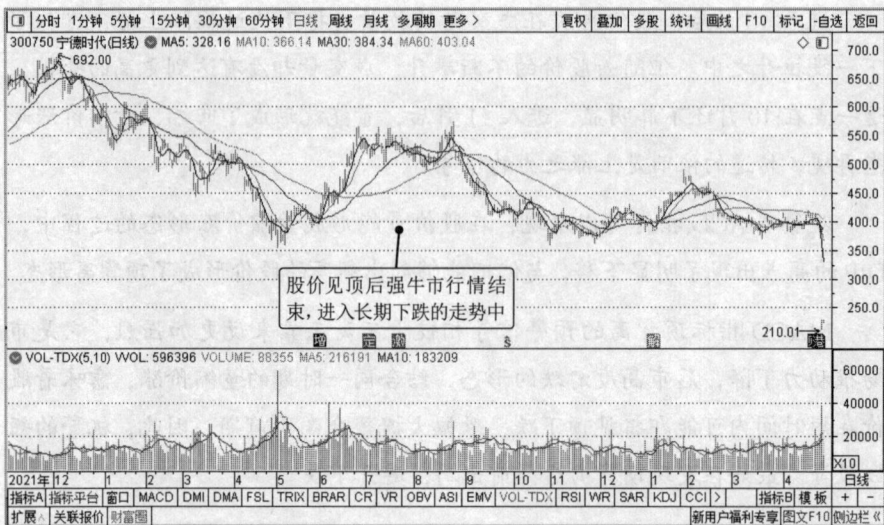

股价见顶后强牛市行情结束，进入长期下跌的走势中

图 5-7　宁德时代 2021 年 11 月到 2023 年 4 月的 K 线图

从图 5-7 中可以看到，在这次见顶后，宁德时代基本就结束了长达两年的强牛市行情。从 2019 年 11 月开始的 70.00 元左右，上涨至 2021 年 12 月初的 692.00 元，涨幅接近 889%。如果短线投资者借助三大指标在其间分段操作，相信获益的机会还是非常大的。

5.2　完美世界：如何利用熊市做短线

相信大部分短线投资者都曾遇到过熊市，有些是因为高位入场被套，有些是因为想在下跌行情中抢一把反弹，有的则是看好个股后期发展，特意在熊市中的低成本位置建仓。但无论是哪种情况，都不能忽视熊市中的高风险。

尽管对于快进快出的短线投资者来说，某些个股的熊市还是具有参与价值的，但投资者还是要把握好收益与风险之间的平衡。因此，本节还是以三大指标为主要参考对象，以完美世界（002624）为实例解析熊市卖出实战，以及深度回调之前的买入实战。

5.2.1　熊市初期利用指标辅助分析

完美世界从 2013 年 6 月的 5.31 元一路上涨至 2020 年 7 月的 63.82 元，已经是涨势非常不错的白马股了。

但牛市到头后，股价终究会迎来漫长的下跌。在 63.82 元的高价形成后，完美世界到 2023 年 4 月都没能有更高的突破，期间更是长期走熊。不过由于其前期的优异表现，依旧有大量投资者愿意参与其中。下面就来看看该股刚开始转入下跌行情时，这几个指标会有怎样的表现。

实例分析

熊市初期均线 +MACD 预示卖出

图 5-8 为完美世界 2020 年 6 月至 10 月的 K 线图（前复权）。

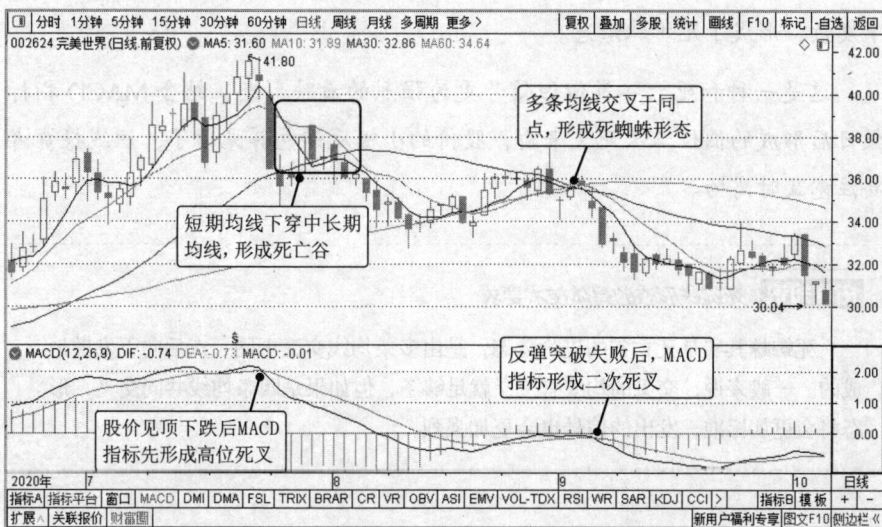

图 5-8　完美世界 2020 年 6 月至 10 月的 K 线图（前复权）

从图 5-8 展示的行情中可以看到，完美世界在 2020 年 7 月中旬之前还处于走牛状态中，直到创出 41.80 元的新高后才以大幅收阴的方式急剧下跌，短短两个交易日就落到了 30 日均线附近，短期跌势迅猛。

随着价格的急速跌落，两条短期均线立即跟随转向，开始向中长期均线靠拢。与此同时，MACD 指标中的 DIF 也下穿 DEA，形成了一个高位死叉，率先传递出明确的见顶信号，向投资者发出预警。

数日后，股价小幅反弹突破失败后继续下行，在带动 30 日均线向下转向的同时，两条短期均线也先后跌破了 30 日均线，形成了死亡谷形态。再加上前期 MACD 指标的高位死叉，此处的卖出信号更加强烈，此时还未离场的短线投资者不可再停留。

这一波下跌一直持续到了 8 月中旬，股价在 60 日均线附近得到支撑后才止跌，并形成了一定的反弹迹象。但从前期股价反弹突破失败的状态来看，此次的上涨可能也无法达到多么令人满意的高度，投资者要谨慎参与。

8 月底，股价确实在上涨至 30 日均线附近后就受压滞涨，并且在 30 日均线持续下行的压迫下开始向下转势。此时投资者可以发现，均线组合开始在各种因素的促成下逐步聚拢在一起，并于 9 月上旬几乎相交于同一点后向下发散，形成了死蜘蛛形态。

这是一种和死亡谷类似但信号更为强烈的看跌形态，结合 MACD 指标数日后形成的低位二次死叉来看，股价的小幅反弹也算见顶了，短线投资者要注意及时离场。

拓展知识 *死蜘蛛形态的具体技术要求*

死蜘蛛其实是死亡谷的进阶形态，是由多条均线交叉于同一点后向下发散形成的。一般来说，交叉的均线有三条就足够了，但如果是四条均线共同交叉，形态将会更加标准，发出的信号也会更加强烈。

5.2.2　下跌行情确定后指标的表现

在上一个案例中，完美世界已经转入了下跌行情之中，并且在均线死蜘蛛和 MACD 指标二次死叉形成后，下跌趋势得到确定。因此，完美世界后市的行情其实并不适合谨慎型投资者再参与。

但短线投资者的优势就在于在微幅波动甚至下跌走势中也有机会盈利，虽然许多谨慎的投资者不愿意冒险，不过依旧有部分经验丰富、风险承受能力高的投资者希望参与，下面就来看看下跌途中的买卖点如何判断。

实例分析

下跌途中均线＋量价异常情况实战

图 5-9 为完美世界 2020 年 8 月至 11 月的 K 线图。

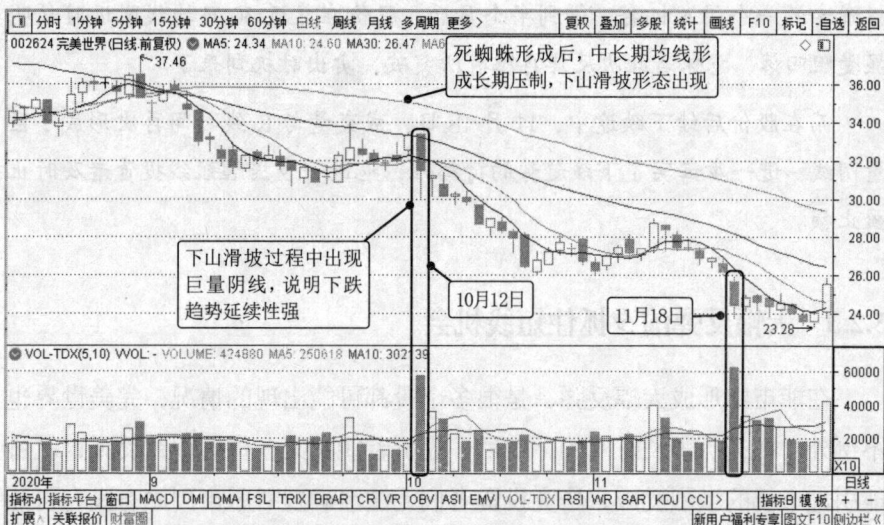

图 5-9　完美世界 2020 年 8 月至 11 月的 K 线图

图 5-9 中展示的是死蜘蛛形态形成后，完美世界接下来的走势。从图 5-9 中可以看到，均线组合在经过发散后就长期覆盖在了 K 线之上，中长期均线的下行角度逐渐稳定。

9 月上旬，股价在 32.00 元价位线附近得到支撑后横盘，被动向中长期均线修复。就在股价接触到 30 日均线后，明显有一定程度的回缩，并且在 10 月 12 日还出现了大幅收阴下跌的现象。就在同一日，成交量也释放出了巨幅量能，与 K 线结合形成了巨量阴线形态。

这就说明当日大概率有主力大批量卖出导致股价下跌，原因可能是前期行情见顶时，主力没来得及散出全部筹码，导致手中还留存了一批，于是只能在后期股价减缓跌势时伺机出货。由此可见，完美世界后期的发展不容乐观，正在参与的短线投资者要慎之又慎。

在这根巨量阴线形成后，股价持续下跌，中长期均线依旧稳定覆盖在 K 线上方。此时，均线组合下山滑坡的形态也比较明显了，一些敏锐的投资者甚至在 9 月就看出形态的雏形了。因此，短线投资者就可以借助下山滑坡中股价形成的波浪进行买卖。

10 月下旬，股价跌至 26.00 元价位线后再次形成反弹迹象，这也是短线投资者的一个买入机会。等到半个月后，股价在靠近 30 日均线附近时就明显受阻回落，意味着此次反弹再难有所突破，卖出时机到来了。

而在股价后续下跌途中，11 月 18 日，成交量与 K 线之间再次形成了巨量阴线，进一步证实了下跌趋势的持续性，也进一步提醒短线投资者及时止盈止损。

5.2.3　大幅反弹前夕抓住短线机会

在熊市中形成大幅反弹，是很多个股都可能出现的情况，完美世界也不例外。在经历了长时间的下跌后，股价若能在某一位置止跌反弹，就可能引起市场的激烈反应，毕竟投资者们无法准确判断后市到底有没有可能发生行情的转势，就只能先下手为强，期待着低位买进后抄底。

在这种情况下，短线投资者完全可以趁机跟进，但跟进的位置还需依靠三大指标来指导。

实例分析

反弹前夕 MACD 指标 + 成交量的看涨信号

图 5-10 为完美世界 2021 年 7 月至 12 月的 K 线图。

从图 5-10 中可以看到，在 2021 年 8 月时，完美世界的股价已经跌到了 14.00 元价位线附近，跌幅还是比较大的，可见熊市的破坏性有多强。

不过，股价在 14.00 元价位线上得到支撑后并未形成反弹，而是在该

支撑线附近横盘震荡，波动幅度较小。但就是这样的横盘波动，也带动了
MACD 指标在 0 轴以下形成了一个低位金叉，这说明市场中的多方开始发
力，尽管在价格上没有表现出来，但 MACD 指标已经发出了提示信号。

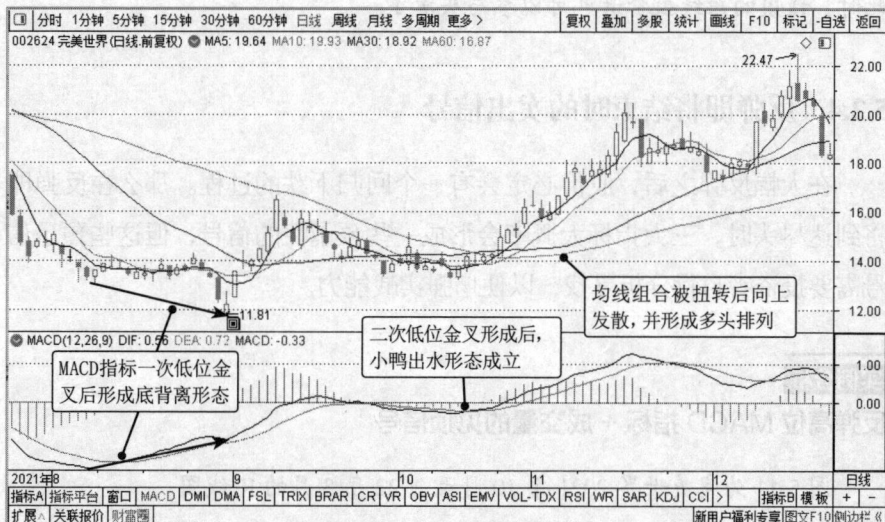

图 5-10 完美世界 2021 年 7 月至 12 月的 K 线图

继续来看后面的走势。到了 8 月底时，股价大幅收阴加速下跌，落到了
12.00 元价位线以下，在创出 11.81 元的新低后立即转向上涨，短时间内形成
了一个尖锐的 V 形底。

此时，细致的投资者可能已经发现了，在股价低点明显下移的同时，
DIF 的低点却出现了上移，二者形成了底背离形态。在低位金叉后紧接着形
成底背离，已经是比较明显的看涨信号了，再加上 K 线也有大幅收阳拉升的
迹象，此时激进的短线投资者已经可以买进了。

不过，随着 60 日均线向下靠近，股价的上涨也受到了一定的阻碍，开
始转向下跌，并顺着依旧下行的 60 日均线持续下行。到了 10 月中旬时，股
价已经跌至 14.00 元价位线下方，MACD 指标也运行到了 0 轴以下。

此后不久，K 线开始连续收阳上涨，并接连向上突破了整个均线组合。
MACD 指标在其带动下回归上扬，并于 0 轴以下形成了一个二次低位金叉，
这是小鸭出水的形态，传递的也是买入信号。

在后续的走势中，随着股价的不断上涨，均线组合中的中长期均线也逐步完成了向上的扭转，并形成了多头排列。MACD 指标的小鸭出水形态再加上均线组合扭转后向上发散的形态，形成了比前期更加强烈的看涨信号，此时，谨慎的短线投资者也可以参与买卖了。

5.2.4　反弹即将结束时的卖出信号

在大幅反弹之后，股价必定会有一个回归下跌的过程。那么在反弹即将到达尽头时，三大指标大概率会形成一些预示性的信号，但这些预示信号需要投资者自行分析寻找，以便增强实战能力。

实例分析

反弹高位 MACD 指标 + 成交量的见顶信号

图 5-11 为完美世界 2021 年 10 月至 2022 年 3 月的 K 线图。

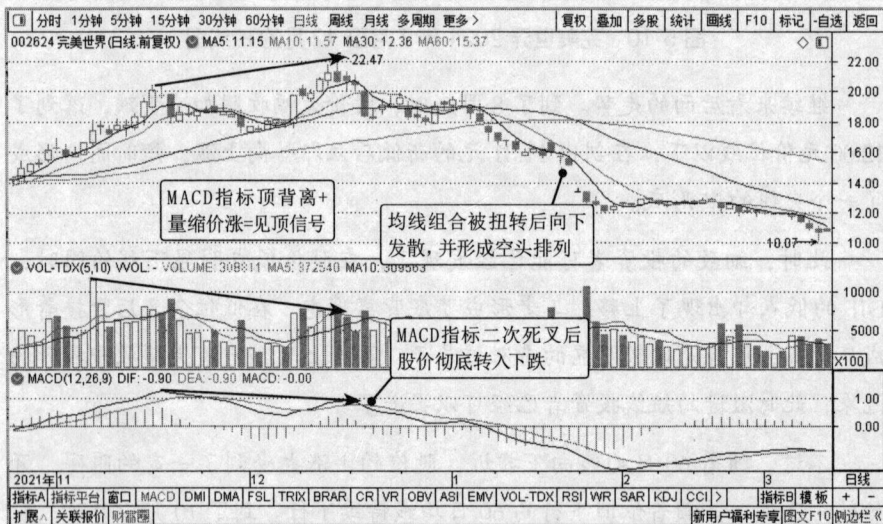

图 5-11　完美世界 2021 年 10 月至 2022 年 3 月的 K 线图

从图 5-11 中可以看到，图中展示的正是上一个案例中股价大幅反弹后期的走势。截至 2021 年 11 月中旬，股价已经上涨到了 20.00 元价位线附近，整体涨势看似十分稳定，但观察成交量就可以发现，在 11 月上旬时，成交量就形成了峰值，后续的量能也并未随着股价的上涨而继续放大，而是呈现出缩减状态。

上涨到相对高位时形成量缩价涨，大概率是股价上涨乏力、突破困难的表现。再加上这段时间内 MACD 红柱也有走平乃至缩短的迹象，短期内股价见顶回落的可能性较大，此时短线投资者要注意了。

果不其然，股价在接触到 20.00 元价位线后就拐头向下，进入了回调之中。尽管此次回调幅度不大，持续时间也只有半个月左右，但对短线投资者来说依旧是需要避开的。

继续来看后面的走势。股价在落到 30 日均线上后就得到支撑开始回升，进入 12 月后，股价的上涨速度进一步加快，数日之后便跃过了前期高点，来到了 22.00 元价位线以上。

与此同时观察成交量和 MACD 指标可以发现，当股价向上创出新高的同时，量能放大形成的峰值却没有超过前期，整体依旧处于缩减状态。MACD 指标的高点也出现了下移，与股价形成了顶背离。

在上涨高位同时出现量缩价涨和 MACD 指标的顶背离，意味着市场上推动能不足，股价突破困难。结合股价小幅突破 22.00 元价位线后就收阴下跌的走势，短线投资者基本可以判断出未来股价的看跌走向，因此，及时出局就显得尤为重要了。

5.3 九华旅游：猴市中的短线操盘

猴市也是股票运行过程中可能会形成的一种特殊行情，它不像牛市和熊市一样具有明显的趋势性，猴市属于震荡行情。在猴市期间，股价会像一只活泼好动的猴了上蹿下跳，并且没有太强的规律性。

这种行情是很多中长线投资者不希望参与的，但对于短线投资者来说，影响却并没有那么大，毕竟短线投资者的操盘精髓就是伺机而动，快进快出。如果短线投资者能够借助三大指标在猴市中操作，所获得的收益未尝不能赶上牛市。本节就借助九华旅游（603199）的走势，来向短线投资者展示猴市中三大指标的使用方法。

5.3.1　猴市短暂上涨时的买进机会

在猴市中虽然很难确定长期趋势，但短时间内的涨跌还是能够让短线投资者抓到盈利机会的。九华旅游就是一只长期处于猴市中的个股，不太受中长线投资者青睐，不过还是有不少短线投资者愿意注资买进，这也进一步导致了九华旅游的股价长期处于震荡之中。

下面就来看看在股价短时间内形成上涨走势时，短线投资者如何凭借三大指标抓住买点。

实例分析

短暂上涨期间 MACD 指标 + 均线指导买进

图 5-12 为九华旅游 2021 年 10 月至 2022 年 2 月的 K 线图。

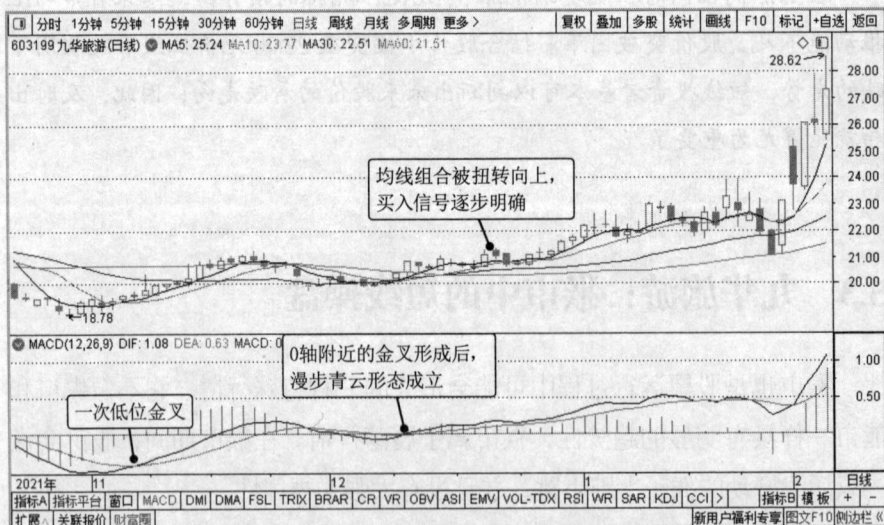

图 5-12　九华旅游 2021 年 10 月至 2022 年 2 月的 K 线图

从图 5-12 中可以看到，九华旅游在 2021 年 10 月底创出 18.78 元的阶段新低后，就转入了上涨趋势之中。MACD 指标受其影响拐头向上，并在 11 月上旬形成了一个低位金叉，传递出了初步的买入信号。

由于猴市中的上涨短暂且来之不易，短线投资者需要更加果断，此时就可以迅速建仓了，否则股价很可能在数日之后就再次下跌。

从后续的走势可以看到，该股确实在 11 月下旬就再次下跌了，但此次下跌的幅度不大，股价在 30 日均线附近得到支撑并回升，这就说明股价在未来还有继续上涨的可能。

此时再看 MACD 指标会发现，股价的下跌使得 MACD 指标落回到 0 轴附近，但后续的回升却让两条指标线在 0 轴附近形成了一个二次金叉。

基础知识牢靠的投资者已经看出来了，这就是 MACD 指标漫步青云的形态，并且由于二次金叉的位置正好位于 0 轴上，该形态还十分标准，释放出的自然也是比较强烈的买入信号。

因此，已经在前期股价回落时离场的投资者，可以在此重新买进，而一直留在场内持有的投资者，也可以适当加仓了。

5.3.2　股价转向后及时卖出

当短暂的上涨到顶后，短线投资者也要果断决策，迅速兑利出局，将前期收益落袋。下面就紧接着上一个案例的短暂上涨走势，为投资者解析此次九华旅游上涨见顶后，短线投资者应当如何应对。

实例分析

下跌开始 MACD 指标 + 成交量指导卖出

图 5-13 为九华旅游 2021 年 12 月至 2022 年 3 月的 K 线图。

从图 5-13 展示的走势可以看出，九华旅游在 2022 年 1 月下旬时上涨到了 24.00 元价位线附近。虽然股价在此压力线上受到阻碍回落了几个交易日，但已经转向上方的 60 日均线提供了强力的支撑，K 线在接触到 60 日均线的次日就收阳上涨了，并且涨速大大加快。

就在股价加速上涨的同时，MACD 指标中的 DIF 很快向上远离了 DEA，使得 MACD 红柱明显拉长。但观察成交量却可以发现，当股价上涨到接近 28.50 元价位线的位置时，不仅价格出现了横向滞涨的趋势，成交量也表现出了走平状态。

当股价上涨到相对高位时形成量平价平，无疑是市场上推动能不足，股价可能在不久之后变盘向下的信号。再加上滞涨的几个交易日内，K 线收出的阴线和阳线基本都带有长上影线，这意味着股价在盘中是有过积极上冲的，但最终还是受到压制冲高回落，进一步证实了这一推测。

因此，机警的短线投资者此时就应当引起高度关注和警惕，必要时可以提前兑利出局，避开后市可能的下跌。

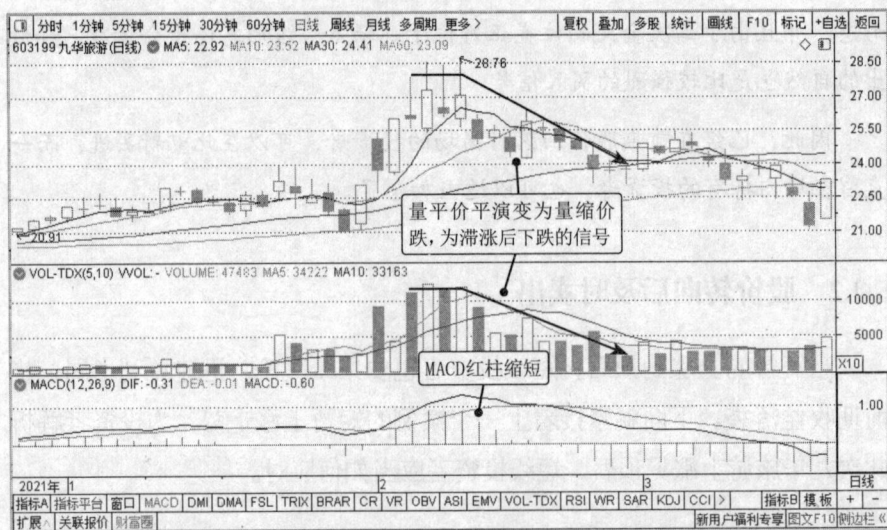

图 5-13　九华旅游 2021 年 12 月至 2022 年 3 月的 K 线图

继续来看后面的走势。这段滞涨是在 2022 年 2 月中上旬发生的，当时 K 线收出的一根长上影线阳线创出了 28.76 元的新高，却在次日就收阴转入了下跌。与此同时，成交量大幅缩减，量价关系由量平价平转为量缩价跌，尽管都是配合关系，但传递出的卖出信号却更加强烈了。

再看 MACD 指标也可以发现，当股价滞涨时，MACD 红柱也跟随走平，并且在 K 线收阴下跌的当日，呈现出了明显的缩短。结合量价的顶部演变，此处的看跌预警已经十分强烈了，短线投资者不应再惜售，而是要尽快抛售，将前期收益兑现。

5.3.3　上涨到高位时的滞涨信号

上涨到高位时三大指标出现的滞涨形态，不是让短线投资者立即出局的见顶信号，而是股价上涨过程中提示投资者注意及时止盈的预警信号。

要知道，止盈和止损一样重要，止盈虽然会削减一部分收益，但能够在很大程度上保证安全；而止损则是在股价已经转入下跌后，为避免损失进一步扩大所采取的措施。对于短期收益本就不多的短线投资者来说，及时止盈要比止损更加适合。

实例分析

相对高位的成交量 +MACD 指标预示滞涨

图 5-14 为九华旅游 2022 年 7 月至 10 月的 K 线图。

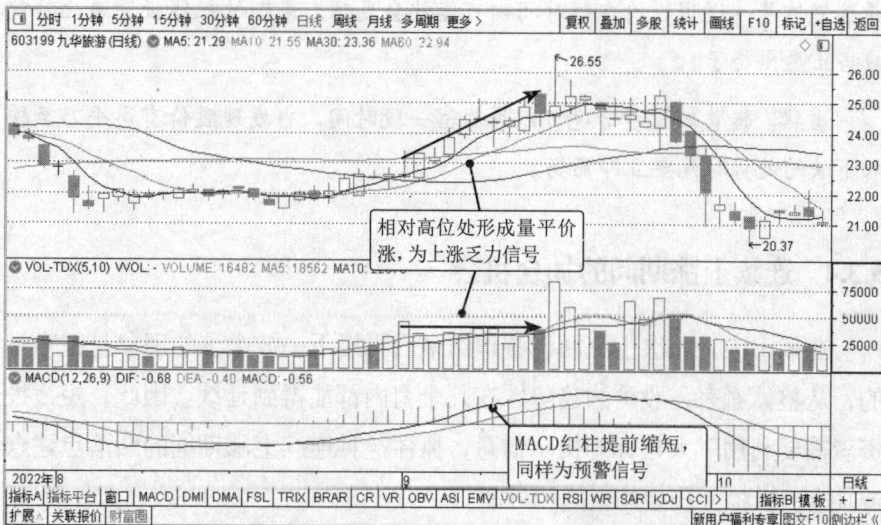

图 5-14　九华旅游 2022 年 7 月至 10 月的 K 线图

从九华旅游的这段走势可以看到，在 2022 年 8 月之前，股价又一次经历了一轮涨跌周期的轮转。进入 2022 年 8 月后，股价已经落到了 22.00 元价位线附近形成横盘。

8 月下旬，股价开始缓慢收阳上涨，成交量给予了足够的放量支撑，量价呈现出量增价涨的配合。

与此同时，MACD 指标也从 0 轴以下开始回升，DIF 与 DEA 之间的距离增大，MACD 红柱拉长，表现出了比较积极的买进信号，许多短线投资者可以借此建仓。

不过，在进入 9 月后，尽管股价还在持续收阳上涨，但成交量和 MACD 指标却先后表现出了异常。

首先，成交量不再放量，而是形成了长期走平的迹象，与股价形成了量平价涨的背离。

其次，MACD 指标中的 DIF 也在逐步向 DEA 靠近，导致 MACD 红柱开始缩短。

结合股价上涨过程中形成的量平价涨，两大指标向短线投资者发出了提前预警信号，说明股价在短时间内可能就会见顶，果断的短线投资者此时就应当止盈出局了。

当然，惜售的投资者也可以再观察一段时间，当发现股价有走平乃至转入下跌的趋势时就要立即离场。

5.3.4 连续上涨期间的加仓机会

在猴市中，一次上涨回调整理结束后再接下一波上涨的现象是很常见的，从整体看来，股价的趋势性在几个月内都能得到延续。因此，短线投资者需要利用三大指标的指示信息，抓住这种连续上涨期间的回落点建仓或加仓，以扩大获益的空间和可能。

实例分析

连续上涨期间 MACD 指标 + 均线的加仓信号

图 5-15 为九华旅游 2022 年 10 月至 2023 年 1 月的 K 线图。

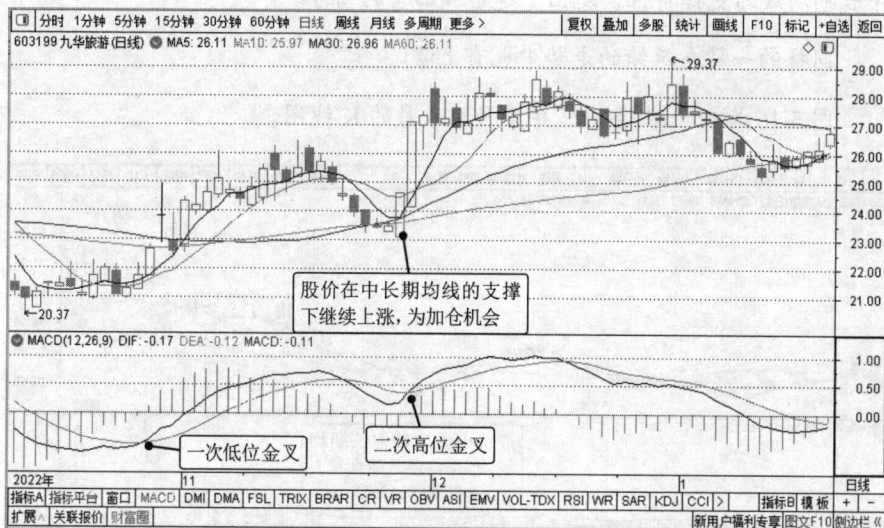

图 5-15　九华旅游 2022 年 10 月至 2023 年 1 月的 K 线图

在九华旅游的这段走势中，股价刚从一段下跌中缓过来，在 21.00 元价位线附近长期横盘整理。10 月底时，K 线开始连续收阳上涨，先是带动短期均线向上转向，随后带动 MACD 指标线拐头向上，形成了低位金叉。

在后续的几个交易日内，股价接连上涨突破到了中长期均线之上，与短期均线一起扭转中长期均线。MACD 指标线也逐步运行到了 0 轴以上，买入信号越发强烈，此时还未入场的投资者要抓住时机低位建仓。

不过，在 11 月中旬，股价接触到 26.00 元价位线后就受到了一定的阻碍，并在滞涨数日后向下跌落，短时间内跌速较快，谨慎的短线投资者要迅速出局，将前期收益落袋为安。

从 MACD 指标的表现也可以看出，在股价下跌的同时，DIF 下穿 DEA 形成了一个高位死叉。而从均线的表现来看，又能得出不一样的结论。

股价的下跌只带动了短期均线与之一同下行，但两条已经被扭转向上的中长期均线还维持着上涨，并且在股价靠近时提供了充足的支撑动能，使得股价在接触到中长期均线后不久就拐头向上，开启了下一波上涨。

与此同时，MACD指标也形成了一个高位金叉，也是二次金叉，配合中长期均线的支撑特性，发出了建仓和加仓的信号。

同样的一幕在后续的走势中也有上演。

图5-16为九华旅游2023年1月至4月的K线图。

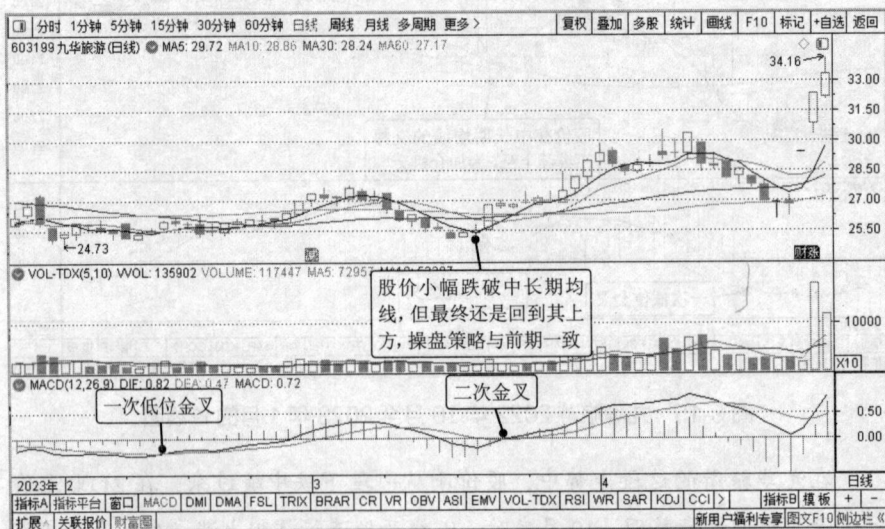

图5-16 九华旅游2023年1月至4月的K线图

从图5-16中可以看到，九华旅游在上一波连续上涨结束后，于2023年2月上旬再度开启了上涨。其后的走势与2022年11月到12月的走势相似，都是上涨回调结束后再接下一波上涨，并且MACD指标也形成了二次金叉。

虽然回调过程中股价小幅跌破了中长期均线，但最终还是回到了其上方，建仓和加仓信号依旧存在，投资者可以按照同样的策略进行操作。

最后提醒读者，本书所介绍的理论知识仅作参考，不代表与实际走势绝对契合。在实战中还需分析其他影响因素，切忌将其当作唯一的操盘方法使用。